MÉTODO LEAN INVERSIÓN INMOBILIARIA

First edition. December 13, 2023.

ISBN: 979-8223346135

Written by JORGE DANÉS CULSÁN.

AF406497

Dedication

CON CARIÑO:

"Debemos encontrar tiempo para detenernos y agradecer a las personas que hacen la diferencia en nuestras vidas" John F. Kennedy.

Difícil parte esta, ya que debo mucho y a muchos el haber llegado hasta aquí, tanto a aquellos que me han ayudado como a los que me han querido perjudicar, porque sin estos últimos no hubiese tampoco podido avanzar. En mi corazón no hay cabida para el rencor, pesa demasiada para mantener la velocidad a la que quiero viajar.

No quisiera ofender a nadie dejándolos fuera de estos agradecimientos y se que con aquellos que estoy realmente agradecido lo saben porque nunca dejo de repetirlo, por lo que me voy a centrar exclusivamente en decirles a todos mis seres queridos, mentores, familia, amigos, compañeros de trabajo y socios, que sin vosotros nada de esto sería posible.Mi agradecimiento más profundo a mi fe en Dios que me mantiene firme y me hace resurgir en los malos momentos sin perder la sonrisa y las ganas de vivir.

Pasaré el resto de mi vida agradecido y en deuda con todos vosotros. No os defraudaré.

MÉTODO LEAN INMOBILIARIO

Invierte en el sector inmobiliario

Jorge Danés Culsán

JORGE DANÉS CULSÁN

Prólogo de Alfio Bardolla

¿Aún no has tenido la suerte de conocer a Jorge Danés?

Jorge es un experto inmobiliario que ha ganado millones de euros con sus inversiones durante sus más de 17 años de experiencia. Como emprendedor y siempre manteniendo un alto nivel profesional, ha sabido crecer y enfrentar todas las adversidades vitales que se ha encontrado convirtiéndose en un exitoso empresario, un gran formador, un gran padre de familia y un referente internacional. Pero a pesar de tener un insaciable deseo de avanzar, su objetivo no se ha enfocado exclusivamente en su carrera, la pasión por ayudar a la gente a mejorar su vida le llevó a transmitir sus experiencias como inversor y empresario inmobiliario a miles de personas que a día de hoy han visto sus vidas cambiadas por haber tenido la fortuna de cruzarse en su camino.

Una de sus mejores cualidades es que a pesar de su éxito, todo lo hace desde la mayor humildad y tiende la mano a todo aquel que lo requiere sin distinciones, con gran agradecimiento, sin olvidar sus orígenes e historia. Solo tienes que tener la oportunidad de pasear por Málaga con él para darte cuenta de sus excelentes contactos y como lo aprecian.

Los conocimientos y métodos de inversión de Jorge, y sobre todo su forma de explicar conceptos complejos con metodologías sencillas, le han convertido en un excelente mentor para muchas personas en el mercado de habla hispana. Ha capacitado a miles de seguidores para que obtengan ganancias a través de estrategias de inversión inmobiliaria que a pesar de su complejidad, a través de sus palabras, se convierten en una realidad útil, fácil y práctica para todo aquel que pone a prueba sus consejos.

Durante estos años he podido ver cómo entiende que un valor excepcional y que genera grandes logros es el de unir a otras personas, crear sinergias y alianzas entre profesionales que al final siempre contraen una deuda emocional con Jorge al haber recibido su ayuda, de esta forma ha creado miles de amistades y fantásticos contactos de gran valor que lo aprecian y valoran como profesional y como amigo.

En este libro, Jorge Danés presenta al lector su historia. Nos cuenta cómo encontró su vocación inmobiliaria, cómo descubrió su pasión por dar valor a cosas inertes como un ladrillo, y cómo ha tomado estos valores y ha construido una carrera de éxito como empresario.

Además de la sencillez expositiva, este libro está lleno de rigor. Jorge Danés combina magistralmente ambos elementos para llevar al lector a descubrir su propio potencial emprendedor con vistas a desarrollar la libertad financiera a través del sector inmobiliario con casos reales, experiencias propias, desarrollando conocimientos jurídicos y urbanísticos pero exponiéndolos con un vocabulario fácil que ayude a cualquier persona a cumplir sus sueños económicos en este sector.

Por último, Jorge Danés no es sólo un experto inmobiliario, sino también una gran persona con grandes valores. Estoy orgulloso de llamarlo mi amigo; es un hombre íntegro, trabajador y muy dedicado.

Alfio Bardolla

CONTENIDO

Capítulo 13: LLEGÓ TU MOMENTO

El infalible Método MEC o MET

Fe

No estás sola/o

Deseo ardiente

AGRADECIMIENTOS

¿Casualidades o causalidades?

En 2016, unos amigos italianos, mientras disfrutábamos de una buena barbacoa, me hablaron de una persona que les había cambiado su vida económica para siempre en un evento de tres días donde se reunían más de seis mil personas al año para escuchar a este empresario, inversor y formador inconformista que se había hecho a sí mismo y conseguido convertirse en un referente internacional en libertad financiera.

Además, tenían conocimiento de que el formador y su equipo planeaban exportar su negocio a España y buscaban formadores que pudieran ayudarle en dicha expansión.

Al principio, dado que ya tenía experiencia en las inversiones, no me llamó la atención en exceso la formación como actividad, pero tras haberles hecho disfrutar de un buen vino y buena carne, mis amigos terminaron invitándome a viajar para acudir al citado evento. Obviamente no me pude negar.

Un mes después me encontraba en la Toscana sentado frente a Alfio Bardolla prestando atención a su mensaje y conocimientos que me impactaron para siempre y que de alguna manera me hicieron mejorar sustancialmente en mis inversiones y capacidades económicas. Cuando regresé a casa comencé a poner en práctica los nuevos conocimientos, leer sus libros y seguir sus consejos. Sin embargo, no llegamos a concretar nada sobre la expansión en España de dicha formación.

Dos años más tarde, recibo una llamada de un amigo emprendedor, Alberto Conesa, para comentarme que una gran empresa formativa que cotizaba en la bolsa italiana lo ha contratado para dar formaciones en el área de negocios y busca a un experto inversor para dar formación sobre el sector inmobiliario. Claramente, la empresa era Alfio Bardolla

Training Group (ABTG), que por alguna razón volvía a conectarse a mi vida para ponernos por fin en un camino conjunto de crecimiento del cual me enorgullezco. Actualmente, dirijo sus formaciones sobre inversiones inmobiliarias en España y Latinoamérica, feliz de poder compartir mis años de experiencia con personas que, al igual que yo en su momento, sienten la necesidad de querer cambiar sus vidas, dando su primer paso para mejorar sus finanzas.

En este libro cada consejo y palabra viene verificada y aconsejada por Alfio, a quien considero mi mentor sobre inversiones y le agradezco su apoyo incondicional y la amistad que me ha brindado estos años.

Capítulo 1: UNA VIDA INMOBILIARIA

«El ladrillo apenas tiene valor, es insulso, inerte. Solo cuando alguien con talento lo convierte en un nuevo hogar, un comercio, un hotel... ese ladrillo gana valor. Es ese talento la verdadera inversión a la que debemos apostar».

Antes de nada, me gustaría advertirte que todas las lecciones y consejos sobre cómo liberarte financieramente gracias a las inversiones inmobiliarias que te esbozo en este libro son importantes y serias. Aun así, he querido darle mi toque personal en un tono mucho más relajado para no convertir estas lecciones en una guía jurídica aburrida de inversiones, ya que lo bueno si es ameno, dos veces bueno.

Comencemos

Puede que se me haya ido de las manos y se haya transformado en una obsesión, pero no encuentro otra forma de vivir que me aporte tanto con tan poco. No te equivoques, aún no te hablo de las inversiones, sino de una existencia fundada en los valores, en la ayuda y en la aportación de mis conocimientos a un fin mayor, para que otros puedan ver una salida, una oportunidad de acabar con el miedo y la incertidumbre que supone vivir con pocos recursos, dejando nuestro futuro en manos de políticos o en fondos de pensiones que ya sabemos que de ninguna forma soportarán nuestras necesidades primordiales.

Esto me ha preocupado desde mis inicios en el mundo laboral y mi mayor satisfacción sería que estos consejos se viralizaran y llegaran no solo a los jóvenes que comienzan a unirse al mundo profesional, sino también a los que desde hace años formamos la cadena productiva y que, cansados de producir por poco o por nada, sentimos la necesidad de desatarnos del yugo y liberarnos para siempre. La idea es que todas esas personas con espíritu inconformista comencemos a entender que es un sinsentido sobrevivir con un salario o solo con los ingresos de nuestras actividades, cuando existen alternativas que podrían lograr que nuestros recursos se multiplicaran.

Ya sé lo que piensas: «Esto suena bien, pero no debe ser fácil».

Primer error —habrá más y te aviso que te los remarcaré, la idea no es hacerte sentir bien durante este viaje, sino remover toda tu realidad hasta producir un cambio—: no juzgues ni quieras encontrarle a todo un razonamiento, déjate llevar. Una frase que uso mucho para que otros obtengan resultados con sencillez es: «No pienses, solo actúa». Este es el primer favor que te pido, ya que mis prejuicios y mi necesidad de querer racionalizarlo todo también me han paralizado alguna que otra vez.

Cada vez que leo sobre métodos infalibles, expertos en riqueza u otros gurús que comparten sus supuestas experiencias, lo primero que resuena en mi interior es la siguiente duda: «¿Cómo puedo comprobar que realmente son expertos en su nicho y que además son personas exitosas en sus vidas?» Cuando hablo de éxito me refiero a que mantienen un equilibrio y paz entre sus vidas profesionales y personales con economías saneadas o, lo que es lo mismo, «duermen tranquilos y disfrutan de su tiempo libre, social y familiar».

Bueno, pues la verdad es que no siempre es posible evaluarlo, desgraciadamente, hoy en día, los consumidores no exigen referencias ni obligan a sus mentores a comprobar sus resultados.

Esto es un grave problema, porque una vez que compramos algo, puede que se nos haga tarde o difícil arrepentirnos y, para no sentirnos mal, normalmente damos por buena nuestra elección, autoconvenciéndonos de que hemos actuado bien. Extraño, ¿verdad? Ten muy en cuenta que estamos en una era donde cualquiera puede autoproclamarse experto. Sin embargo, la realidad es que muchos de estos autodenominados 'gurús' carecen de conocimientos y experiencia real y mucho menos han validado sus estrategias a largo plazo sometiéndolas a crisis. Su modelo de negocio no se basa en invertir en inmuebles con sabiduría, sino en vender cursos de métodos poco comprobados y formaciones motivacionales con un toque de copia de los grandes expertos como Robert Kiyosaki, Tony Robbins o Alfio. Podría compartirte anécdotas de muchos de ellos que han asistido a mis conferencias y sin haber hecho más de tres operaciones exitosas ya vendían cursos copiados.

Uno de sus trucos más comunes ha sido comprar pisos sin ascensor a bajo costo, hipotecarlos y luego alquilarlos por habitaciones dándoles rentabilidad y capacidad crediticia y repitiendo la misma acción. Este método les funcionó por un tiempo, pero con la subida de los tipos de interés, ese modelo ya no es sostenible. Sin embargo, ellos ya hicieron su agosto vendiendo su corto éxito en forma de curso a aquellos que los siguen a ciegas. Se de algunos que ya sus alumnos están en serios problemas económicos de sobre endeudamiento por dejarse llevar por los nuevos e imberbes "gurus".

¿Y qué hacen ahora ante esta situación? Se reinventan. No para mejorar sus estrategias de inversión, sino para vender más cursos, aprovechándose de la esperanza y el deseo de las personas de tener éxito en el mundo inmobiliario.

Es crucial estar alerta y buscar formación y consejos de verdaderos expertos con un historial comprobado. No dejes que te engañen con promesas de riqueza fácil. La inversión inmobiliaria requiere conocimiento, experiencia y, sobre todo, una comprensión real del mercado.

Recuerda, en el mundo de la inversión inmobiliaria, como en la vida, no existen los atajos para el éxito. Por ello, he visto extremadamente importante abrirme un poco en lo personal para acercarme a ti y que puedas entender que me movió para invertir en inmuebles aunque te advierto que es fácil enamorarse de un mundo donde puedes comenzar con 600€ en la cuenta del banco y apenas unos meses después tener ahorrados más de 100.000€ .

No quiero soltarte una historia lacrimógena sobre mi o de superación personal extrema para que empatices conmigo o creas que es necesario haberse arrodillado para después encumbrarse. Cierto es que mi vida no ha sido la más fácil, pero tampoco ha sido extremadamente difícil. Igualmente soy de la idea de que aquellos que hemos tenido problemas económicos o no venimos de familias adineradas, tenemos más probabilidades de superarnos, así que también admiro a aquellos que, teniéndolo todo a favor, no se conforman, se superan aún más y mejoran las expectativas sobre sus vidas. «Venir de la mierda y crecer es casi una obligación; venir de arriba y seguir avanzando es una difícil elección».

Lo que fui / lo que soy

Yo no soy lo que me sucedió. Yo soy lo que elegí ser.

Carl Gustav Jung

Mi vida ha sido bastante cotidiana aunque no exenta de alguna que otra historia fascinante. Hasta mi adolescencia, me crie en La Línea de la Concepción, una pequeña ciudad de la provincia de Cádiz. Tuve una infancia bastante cómoda en el seno de una familia humilde junto a mis abuelos, mis padres y mis hermanas, rodeado de amigos. De todos ellos, la única persona que me dio una referencia de cómo emprender fue mi madre, pero incluso ella fue abandonando poco a poco su parte emprendedora, viéndose abocada a empleos que en pocas ocasiones le dieron satisfacciones plenas. Aun así, tengo que decir que siempre ha sido un pilar fundamental en mi desarrollo como emprendedor e inversor.

Fui un alumno sobresaliente durante mi infancia, pero al llegar a la adolescencia me desequilibré al encontrarme con problemas de *bullying* que no pude afrontar de manera adecuada. A esto se le unió un cambio de ciudad: nos mudamos a Málaga, mi actual residencia, y dejé atrás a amigos, familia y abuelos, parte esencial de mi desarrollo. Más tarde, cuando tenía 15 años, mis padres se separaron y mi padre se alejó del seno familiar, lo cual me fue imposible de digerir en aquel momento debido a mi incapacidad para encontrarle sentido a todo lo ocurrido. Solo años después pude entender los motivos que le llevaron a ello y las enseñanzas que aquel acto dejó en mí, convirtiéndome en una persona resiliente y con madurez pude fortalecer mi mente para poder dibujar un camino feliz junto a mis seres queridos.

Como era de esperarse, me encontraba perdido y tuve que madurar y enfrentarme al mundo real. Comencé a trabajar de todo aquello de lo que podía sacar algo de dinero: jardinero, domador de caballos, vendedor de seguros, camarero, profesor de salsa, kiosquero y otros empleos que me dejaron claro que eso era lo más parecido a la esclavitud y que, si no encontraba una nueva vía, tendría una existencia dedicada a deslomarme por otros de sol a sol, sin oportunidad de crear mi propio camino y entrando en un círculo vicioso por unas migajas, unas vacaciones pagadas o la promesa de una jubilación con una pensión indecente.

En esta etapa, antes de los 18 años, pude ver los sacrificios de una madre para sacar a sus hijos adelante en épocas en las que el plato que había en nuestra mesa era pasta o arroz, y en las que los desahucios por impago de alquiler provocaban que esta gran luchadora pasara noches y noches sin dormir. Por todo ello, comencé a entender lo que seguramente tú también ya has entendido: si no espabilas vas a ser un esclavo de tu consumo, de tu Gobierno con sus impuestos y de tu jefe hasta tu jubilación. Facundo Cabral dijo una vez: «Mira si será malo el trabajo, que deben pagarte para que lo hagas». Entendiendo el trabajo como el hecho de ir obligado diariamente a un lugar a realizar actividades incómodas bajo la supervisión de alguien más incómodo aún y con el único fin de que nos abonen un salario fijo a fin de mes, esa frase me parece de una inteligencia superior.

En Andalucía, que entendemos el concepto «trabajar» como la esclavitud de estar obligado a realizar un esfuerzo retribuido y que solemos darles más arte a estas frases, solemos decir: «Trabajar es de tiesos[1]». ¿Cuál sería entonces la parte opuesta a esto?

En este caso, mejor viajar hasta el 400 a. C. y preguntárselo a nuestro amigo Confucio, quien respondió de forma magistral a este dilema: «Elige un trabajo que te guste y no tendrás que trabajar ni un día de tu vida». Fantástico, ¿verdad? 24 siglos después parece que seguimos sin entenderlo correctamente y nos arrojamos a los brazos de la «seguridad laboral» a cualquier precio, sin considerar la cantidad de sueños rotos en horas invertidas en algo insustancial o que no nos llena. En fin, solo es mi opinión, pero me gustaría que al menos reflexionaras con calma un poco sobre ello para evaluar si es necesario un cambio en tu vida.

Bueno, que me lío. Sigo con mi historia.

Atento a la mejor parte. Tras recibir una coz brutal de una yegua que estaba domando, que me dejó más muerto que vivo —aquí es donde mis amigos suelen decir: «Ahora me lo explico todo»—, tuve una epifanía: O atiendes a las señales que te da la vida o siempre serás un mediocre; o, peor aún, harás que te maten física o espiritualmente. La idea de vivir sin ganas, sin motivaciones, sin expectativas, acallando mi alma, me daba auténtico pánico. Era el momento de alimentar una llama de inconformismo que me llevó a estudiar el éxito de otras personas.

Siempre he sido tremendamente curioso y muy observador. Por el aprendizaje tan temprano de la ley universal de «Trabaja en lo que ames», decidí que debía educarme en todo aquello que me potenciara y desarrollara en mí una actitud mucho menos desequilibrada y más enfocada en mejorar cualquier aspecto para alinearme con lo realmente transcendental y conseguir plenitud profesional, personal y, por qué no decirlo, espiritual. Tres pilares necesarios en el desarrollo completo de una persona con alma emprendedora.

Así que libro tras libro, curso tras curso, mientras terminaba mis estudios reglados, comencé a interesarme por el desarrollo personal y tracé los primeros bocetos de

la ruta que seguir, sin altibajos, con fe, rodeado de cariño y respeto, sin grandes preocupaciones y, sobre todo, buscando más lo espiritual que lo material. ¿Te parece raro que un inversor inmobiliario, un maléfico especulador, como nos llaman los ignorantes, busque la paz interior y no el materialismo?

Pues es raro, sí, no te voy a engañar, pero es que el dinero solo es un juego donde aprendes y emprendes mientras te diviertes y logras acumularlo. Si se te da bien y mantienes el control y el equilibrio, te liberará, te dará tiempo (el mayor de los tesoros) y con ello podrás mantener la tranquilidad y la plenitud para hallar un sentido más profundo a tu existencia.

Y así, con esta filosofía vital y con mi lienzo en blanco y algunos bocetos de cómo iba a crear mi historia, con 21 añitos, tuve la inmensa fortuna de descubrir a la que aún hoy —digo «aún hoy» porque actualmente es más común el divorcio— sigue siendo mi esposa Francesca, con la que hemos creado una familia hermosa con tres hijos, rodeados de amigos y seres queridos, además de comodidades que nos permiten poder disfrutar de nuestros esfuerzos, de nuestra historia juntos, sin miedo alguno.

MÉTODO LEAN INVERSIÓN INMOBILIARIA

Con mi esposa comenzamos a crear una estrategia que nos ayudase a tener la vida que disfrutamos y en esa búsqueda, obviamente, era necesario una fuente de ingresos que no tuviese límites y que no nos esclavizara por horas invertidas; no quería vender mi tiempo y talento a precio de risa al mejor postor. Y es aquí donde llego al sector inmobiliario y donde comienzo un viaje de emprendimiento y desarrollo que cambió por completo mi rumbo económico, social y familiar; decisión que me hace sentirme muy orgulloso hoy en día.

No quiero que pienses que todo ha sido un camino de rosas. Como en todas las historias ha habido muchos esfuerzos y aprendizajes, horas y horas de preparación, estudio y, sobre todo, práctica para conseguir desarrollar habilidades que me dieran resultados positivos. Sin embargo, tampoco quiero enrollarme más de la cuenta porque lo primordial no está en estas primeras líneas, sino en todo lo que viene a partir de ahora. Sí, quiero compartir algo que fue parte cardinal en mi crecimiento personal.

Cuando mi vida parecía haberse encausado económica y personalmente, llegó una crisis sin precedente al sector para la cual no estaba preparado (ahora hubiese sido muy diferente). En ese momento, mi esposa se encontraba embarazada de nuestro primer hijo y tan adversa era la situación que tuvimos que optar por separarnos durante todo su embarazo. Ella viajó a Chile con su familia para pasar el periodo en buenas condiciones, mientras yo me quedé aquí trabajando, viviendo en una habitación y guardando cada céntimo que producía. Algo que siempre recuerdo, es pasar por una cafetería, ver a mis compañeros inmobiliarios desayunar y seguir de largo con una idea que me azotaba la mente: cada café que te tomes será un biberón menos, cada minuto perdido te alejará de recuperar tu vida.

Poco después conseguí traer de vuelta a mi esposa para ver nacer a mi hijo Lucas. Con su nacimiento decidí emprender, sin sueldo, sin ahorros y sin miedo.

Los primeros meses fueron horribles; sin embargo, un año después ya había recuperado mi vida y emprendido con éxito mis primeros negocios de agencias inmobiliarias, gracias al apoyo de familia, amigos y socios a los que siempre estaré eternamente agradecido.

Ahí comprendí algo muy valioso: Si no eres capaz de afrontar riesgos, de ninguna forma vas a poder crecer. Hay que luchar consecuentemente cada día contra esa voz que te susurra y te aleja de enfrentar tales riesgos. Pierde el miedo, adéntrate, solo tenemos una vida para ponernos a prueba y disfrutar de lo que supone confrontar situaciones complejas y salir fortalecido. «Ante la adversidad, habla a tu corazón y recuérdale que solo tienes una vida y no tendrás otra para volverlo a intentar».

En este viaje no siempre fui inversor; de hecho, con mi primer socio fui reticente a invertir en inmuebles, pero poco después me di cuenta de que «el ladrillo», aquello en lo que me he enfocado durante toda mi carrera, es el mejor refugio para el dinero y la fórmula más eficaz y rápida para liberarte. Si como es en mi caso, has trabajado en la intermediación, consultoría inmobiliaria, estudiado Derecho Inmobiliario, conoces todos los aspectos fiscales, legales y su idiosincrasia, no sacarle el mayor de los partidos, como comprenderás, habría sido de bobos. De esta forma, y sin querer morir de idiotez, llevo desde el año 2006 poniendo en práctica todo aquello que compartiré contigo en este libro y creando sistemas que se puedan replicar sin muchos esfuerzos o conocimientos.

Actualmente soy propietario de Casavida inmobiliaria en Málaga, dedicada a los servicios de intermediación de segunda mano, socio fundador de Estating consulting que da consultoría a agentes inmobiliarios en toda España, socio de Finanzasur, empresa de intermediación financiera, socio de Promueve 360, comercializadora de obra nueva, director de formación en inversiones inmobiliaria en Alfio Bardolla Training group, la empresa mas grande de Europa en formación en libertad financiera, accionista en varias empresas tecnológicas e inmobiliarias y mi último proyecto; CEO en URBEi inversiones, startup creada para acercar las oportunidades reales de inversión a nuestros clientes de forma digital y automatizada y que te invito a conocer en el siguiente enlace:

https://urbei.net/book-invertir

Como verás, no hablo sin tener conocimientos de causa, sino que mi día a día esta inundado por el sector inmobiliario y puedes contar conmigo o mís empresas para apoyarte y tu también conseguirlo.

Quiero regalarte el primer consejo financiero que debe convertirse en tu nueva filosofía de vida económica: Tanto si eres o quieres ser empleado o empresario, jamás te acostumbres a vivir de los ingresos que generas solo con tu trabajo. Busca vivir con lo que producen tus inversiones, que deben ser los resultados multiplicados de tus ingresos laborales.

Amor en m^2

Cada variable era una posibilidad, cada posibilidad una incertidumbre,

cada incertidumbre una oportunidad.

Santiago Posteguillo

Te he comentado que pasé por una crisis económica que me rompió los esquemas y me llevo a tener que sacar las garras en los peores momentos para salir adelante, lo que aún no te he comentado es cómo el ladrillo y el karma me ayudaron.

Mi primer hijo de camino y tuve que vivir en una habitación para poder ahorrar. En ese tiempo trabajaba

como agente inmobiliario y la crisis lo había complicado todo. Un día, atendí a un cliente que quería solucionar una herencia que le habían legado para poder vender una vivienda que se encontraba en dicha herencia. Esta persona de nacionalidad cubana estaba desesperada y carecía de conocimientos para realizar los trámites. Empezamos a hablar y nos caímos bien. Poco a poco iniciamos una relación de amistad y comencé a ayudarle con su herencia y a empezar a gestionar su venta, sin embargo, no fui yo quien intermedió para vendérsela finalmente, sino que una agencia competidora la vendió. Imagínate mi decepción en un momento de enorme necesidad.

En fin, seguimos con la amistad y le ayudé a solucionar los trámites de dicha herencia, salvaguardándole más de cincuenta mil euros de las arcas públicas y facilitándole los trámites para que vendiese.

Una vez acabamos las gestiones y recibió aproximadamente doscientos mil euros de beneficios, el siguiente problema era enviarlos a Cuba. Fue ahí cuando Erick, así se llama mi amigo, me invitó a viajar a la isla y ayudarle a llevar el dinero, algo muy arriesgado. Ni corto ni perezoso me enfundé el dinero y me presenté en el aeropuerto para iniciar mi aventura. Una vez dentro del avión me percaté que Erick tardaba en entrar. Días más tarde me enteré que al tener el visado caducado no pudo

volar. Llegué a Cuba, solo, sin nadie conocido y con un montón de dinero.

Piensa por un momento en la situación de mi amigo, sin poder volar y habiéndole entregado su dinero sin certificación alguna a alguien que se encontraba en quiebra y con quien había hecho amistad apenas hacía unos meses. Lo que se le vino a la cabeza fue:

"¡a este español no lo veo más!"

Bueno, cuando Erick por fin llegó a Cuba pudo ver y contar cada euro, viendo casi incrédulo que no le faltaba absolutamente nada. Mi amigo, en respuesta a mi buen hacer, me ayudo económicamente con unos dos mil euros que fueron el inicio de mi recuperación. Fue ahí donde se forjó una amistad que aún perdura.

La historia sigue, porque años más tarde fue él quien me necesitó por motivos económicos y, sin lugar a dudas y con total satisfacción, le tendí la mano.

Ya te habrás percatado que, debido a mi experiencia en el sector y ésta y otras historias, mi amor por «el ladrillo» está más que justificado. Ahora necesito que también te enamores de esto para que disfrutes cada segundo que dediques a las inversiones inmobiliarias.

El ladrillo es uno de los sectores más rentables de todas las economías. Te pongo un caso nacional conocido en todo el mundo: Pontegadea y Partler. Seguramente esos nombres no te suenen, pero sí te resuene Inditex, Zara y el nombre del emprendedor español más laureado: Amancio Ortega. Bien, pues a través de estas dos sociedades este empresario de la industria textil ha creado un patrimonio de más de 16.000 millones de euros y es el casero de empresas como Facebook, Apple, Primark o H&M.

No es el único caso. McDonald's lleva décadas reconociéndose como una empresa inmobiliaria donde su gran recurso, al igual que Ikea, es ser dueña de edificios y locales. En el caso de Ikea, además, es una maniobra comercial que la vuelve más competitiva que al resto, ya que su filial inmobiliaria puede ajustar y reducir los arrendamientos de las tiendas de muebles para reajustar precios y volverse aún más económica.

Aparte de ser seguro y lucrativo, los conocimientos necesarios para poder arrancar en este sector son tremendamente sencillos; lo cual es un aspecto que destacar. Enfocarte en esta profesión te da la oportunidad de desarrollar otras áreas y capacidades como el liderazgo en las negociaciones, la resiliencia, la seguridad, el marketing, creando una carrera profesional exitosa.

Puede que no te estés planteando dejar de momento tu empleo o dedicarte al 100% a este sector; sin embargo, te tengo que advertir que cuanto más vayas operando en él, más fácil será que termines involucrado en cuerpo y alma a este mundo. En primer lugar, debes entender que la mejor de todas las inversiones y la única que va a acompañarte en tu existencia, dándote grandes logros y siendo exclusiva e irremplazable eres tú.

No existe mejor apuesta que nutrir tu mente y tu alma de buenas decisiones, de grandes consejos, de experiencias y de amor.

Cuando lo tengas claro puedes decidir seguir este libro, pero si aún no le das valor a desarrollar tus capacidades e invertir en ti como un nuevo talento, te recomiendo que pares, busques un buen mentor de desarrollo personal y trabajes duro esa parte de ti. Aunque, por otro lado, entiendo que si estás inmerso en estas líneas y has pagado por este libro es porque ya has interiorizado que, antes de originar ingresos, la parte fundamental, es invertir en ti.

¿Quieres ser parte del talento?

La inversión más importante eres tú y aunque veas negocios que prometan el dorado, mi primer consejo (seguido de una historia) es que no inviertas en absolutamente nada que desconozcas y para lo que aún no esté preparado.

Cuando Alfio Bardolla estudiaba economía creía que el mercado era perfecto, es decir, que los empresarios e inversores sabían lo que querían, que todos tenían la misma información y que eran capaces de entender y gestionar el grafico riesgo/rendimiento y que su tendencia era lineal, es decir, + riesgo = + rendimiento. Siempre me han dicho que, en este mercado perfecto, la información se utiliza de manera lógica y para obtener el máximo beneficio. En la practica, sin embargo, toda esta información es incorrecta.

Al final Alfio llegó a una conclusión: A pesar de lo que piensas o crees saber sobre la inversión, siempre hay una parte que mueve la frontera del conocimiento. Tú mismo. Me gustaría que reflexionaras sobre las diferencias de pensamiento entre una persona rica y una pobre, sobre la diferencia entre intuición emocional y pensamiento analítico.

Supongamos que un café y una chocolatina juntos cuestan 1,10 euros. El café cuesta 1 euro más que la chocolatina. Rápidamente, ¿cuanto cuesta la chocolatina? Casi todo el mundo responde que la chocolatina cuesta 10 céntimos.

Muchos no se dan cuenta de que se han equivocado hasta que lo analizan por segunda vez. Si la chocolatina cuesta 10 céntimos y el café cuesta 1 euro más que la chocolatina, el café debería costar 1,10 euros y, por lo tanto, el café + la chocolatina costaría 1,20 euros. La respuesta correcta es que la chocolatina cuesta 5 céntimos y el café 1,05 euros, que suman exactamente 1,10 euros.

Si has acertado la respuesta a la primera, significa que tienes una mente analítica y debes ser consciente de que tu intuición puede cometer errores. La mayoría de las decisiones surgen en un ambiente de conflicto entre la mente analítica y la intuición. Lo mismo puede decirse sobre la compra de la primera casa. Intuitivamente

parece inteligente comprarla y pagar la hipoteca. Pero si lo calculas analíticamente te das cuenta de que no es así.

Capítulo 2: TODO COMIENZO TIENE SU ENCANTO

Los mercados alcistas nacen en el pesimismo,

maduran en el optimismo y mueren en la euforia.

John Templeton

Gateamos

Un día, un hombre observó a dos albañiles construyendo un muro. Se dio cuenta de que uno de los trabajadores se quejaba y maldecía mientras trabajaba. Cuando le preguntó qué estaba haciendo, el trabajador le respondió: "Poner una piedra pesada encima de otra todo el día, hasta sentir que se me rompe la espalda". El hombre dirigió su mirada extrañado hacia el otro albañil que felizmente silbaba mientras trabajaba. Sus movimientos eran rápidos y seguros, y su rostro estaba lleno de satisfacción. Cuando le preguntó qué estaba haciendo, respondió: "No sólo estoy haciendo un muro de piedra. Estoy ayudando a construir una hermosa catedral".

MÉTODO LEAN INVERSIÓN INMOBILIARIA

Siempre me ha gustado esta historia que además en España tenemos su representación con la catedral de la fe de Justo Gallego, que en solitario dedicó sesenta años de vida en acabar su legado. En definitiva, es cuestión de comenzar con la mejor actitud y tener paciencia.-

Bien, ahora es el momento de dar los primeros pasos que te llevarán a acercarte a la libertad financiera gracias a los inmuebles. Quiero que tengas en cuenta que primero, como bien dice el capítulo, vamos a gatear, vamos a coger todos los conocimientos que me llevan dando ingresos recurrentes durante todos estos años y te los voy a mostrar de manera práctica para que los lleves a cabo de forma eficiente.

En este primer capítulo nos vamos a centrar en conocer qué es exactamente el sector inmobiliario, cuál es el mercado al que te tienes que dirigir y cuáles son los primeros pasos que te harán disfrutar y sacarle un alto rendimiento. Todos estos conocimientos te darán tranquilidad y, aunque para aprender a andar hay que sufrir algún tropiezo, te verás preparado y motivado para levantarte y seguir adelante.

En mis comienzos, por mi inmadurez y testarudez, cometí cientos de errores que por no saber afrontarlos retrasaron mis logros. En ese camino interioricé que la comodidad limita las oportunidades y que las acciones más incómodas son las que producen nuevos logros y hacen que la vida cobre sentido. Para decirlo de una manera simple y sencilla: visualiza a aquellos que babean viendo televisión todo el día o se la pasan con el móvil en la mano viviendo las vivencias de otros mientras sus neuronas pierden conexiones, se van marchitando y pasan sus minutos y horas inevitablemente hasta llegar a sus últimos días.

Por otro lado, están aquellos que detestan malgastar un minuto de su día y que les queman las sábanas o el sofá, que viven provocando cambios continuos y enfrentando sus miedos haciendo que sus biografías se vuelvan verdaderas obras de arte.

Ellos entienden que solo existe una oportunidad para vivir y que si se acomodan o huyen de los riesgos, de las incomodidades, jamás saborearán experiencias que marcarán su existencia. Por tales razones dediqué gran parte de mi juventud a mi desarrollo personal, y a mi equilibrio psicológico y emocional. Sin eso, jamás hubiese sido capaz de seguir y tampoco me hubiese visto capacitado para escribirte estas líneas.

Estoy preparado para ayudarte a superar esos tropiezos ya que también los tuve; tus sentimientos y preocupaciones han sido, de alguna manera, también los míos. No hay atajos ni varitas mágicas, pero sí sistemas que bien ejecutados cambiarán tu vida. He llegado a ti para ayudarte y para pedirte que confíes plenamente en mí. Para ello,

debo serte sincero, no venderte humo y darte consejos que me han funcionado, en los que también he fracasado y que conozco a la perfección. Dame la mano y lánzate. Haz un esfuerzo de fe absoluta porque cada palabra y consejo te acercarán a tu meta.

El mercado

Cuando hablo de mercados me refiero a operar con todos los inmuebles o negocios complementarios que rodeen las inversiones. En este libro te hablaré de subastas compraventas, alquileres, cesiones, explotación, deudas hipotecarias, intermediación, negociaciones y todo aquello que crea necesario para que puedas operar cuanto antes.

En España existen datos cuasi fiables desde 1978 que si evaluáramos a corto plazo podría inducirnos a error ya que ha habido etapas de grandes picos y también de grandes bajadas. Me gustaría hacer un símil con la Bolsa, porque al final todos son mercados y todos dependen de factores internacionales, nacionales, locales, políticos, económicos, sociales y emocionales. En el caso del mundo inmobiliario no es diferente, es exactamente igual, sí vamos a operar en corto tenemos primero que entender cómo funciona a largo para intentar evitar cometer riesgos innecesarios.

El ladrillo ha sido y será un «valor refugio» donde la gran mayoría de las grandes fortunas resguardan su capital para que no se encuentre en riesgo en caso de crisis («El ladrillo vale para salvaguardar el honor», José Antonio Pérez

CEO de REBS). Cierto es que la elección del país, incluso de la zona local donde realices las compras, puede ser determinante ya que desgraciadamente estamos a merced de los Gobiernos y un cambio de regulación te puede generar dificultades. No obstante, no quiero que te asustes, solamente que tengas los conocimientos y seas consciente de que con esta información vas a reunir todo lo necesario para comenzar a operar y evitar riesgos innecesarios.

Revisando el panorama de España a largo plazo, podemos darnos cuenta de que, a pesar de los altibajos, los mercados han funcionado de manera ascendente e invariable desde 1978 hasta la actualidad. Esta tendencia seguirá así durante muchos años, siempre y cuando no cambie el sistema capitalista actual o los Gobiernos que se apoderan del país lo dirijan hacia una regulación que nos impida seguir operando. Si bien esto es complicado o bastante difícil, no hay que obviarlo y, cuando vayan creciendo tus inversiones en inmuebles, te aconsejo que diversifiques en distintos países donde posiblemente el tipo impositivo sea menor, el crecimiento sea mayor y la seguridad jurídica te permitan tener salvaguardado tu dinero.

Bien, volviendo a España, hemos vivido distintas crisis como las de los ciclos del 1991 al 1993, del 1998 al 2000 y, la más más dura para los inmobiliarios, la de 2008. Estos datos transmiten cierta tranquilidad y un nuevo conocimiento, y es que dependiendo de la inversión y la forma de operar que quieras llevar a cabo, te será más o menos necesario estar atento y evaluar en qué momento de mercado te encuentras.

Para mí hay un indicador que es primordial y no es otro que el «estado emocional de los consumidores» y que se transmite a la mayoría de los inversores, sean institucionales o no. Es decir que cuando hay un frenesí, una euforia enorme, es un síntoma de que el precio posiblemente ya no pueda subirse más; por lo tanto, habrá que tomar decisiones y cambiar nuestras fórmulas de inversión para no vernos involucrados en compras al alza difíciles de rentabilizar o tener que desprendernos de los activos en caso de necesidad.

Asimismo, existen unas pautas y estrategias que marcarán todos los factores que debes tener en cuenta a la hora de invertir y que te indicarán cuándo perseverar o pivotar dependiendo de las circunstancias.

Hay una frase del escritor y ex marine G. Michael Hopf que también ayuda a entender de forma tremendamente sencilla cuando se acerca una crisis, dice así:

"Los tiempos difíciles crean hombres fuertes. Los hombres fuertes crean buenos tiempos. Los buenos tiempos crean hombres débiles. Y, los hombres débiles crean tiempos difíciles".

En mi opinión, es de una brillantez y sencillez espectacular y define claramente que sucede cuando existen más derechos y obligaciones y se aporta una idea errónea de ocio gratuita a la sociedad. Una sociedad extremadamente ociosa, se pierde en un vacío de consumo y se desalinea enormemente de lo espiritual, lo natural y lo productivo, llevándonos a todos de forma inevitable a una nueva. crisis.

Un ejemplo claro de esto es la crisis de 2008, donde las entidades bancarias y sus ventas de «hipotecas subprime»[2] donde se financiaba, no solo los insumos y bienes de primera necesidad, sino todo aquello que se nos ocurrieses en un mercado y ocioso consumista sin precedentes, llevaron al sistema financiero al descalabro mundial. Muchos inversores sufrieron esta crisis, las cual les dejó una huella imborrable, pero como puedes ver tengo mi opinión sobre dónde radicó el problema y por qué no estaban preparados para ello.

El motivo principal es conocido como «efecto Pigmalión». Sucede cuando realizamos actos influenciados por el resto de la sociedad y pensamos a ciencia cierta que si todos lo hacen, entonces debe ser una acción positiva, y viceversa. En aquellos momentos todo hijo de vecino se hipotecó sin pensar en ningún momento en las opciones de fracaso, como un despido, divorcio, subida de interés o una crisis económica. Su intención era la de vivir como lo hacía el resto, con su propia vivienda recién reformada y amueblada, coche nuevo, vacaciones y espacios para el ocio por todo lo alto, y todo por una cómoda hipoteca en 480 mensualidades con un tipo de interés variable. ¿Qué podía salir mal?

Eso es lo que yo denomino «esclavitud económica de la posesión»; es decir, que tus ingresos dependan de tu empleador y que los arriesgues en un afán de demostración de tu capacidad para acumular posesiones. Una táctica política reconocida para mantener a sus pueblos como mano de obra barata: «Te convenzo de que hipotecarte joven es lo correcto y ya eres mi esclavo de por vida».

"Es importante resaltar del boom inmobiliario; la pasividad de los bancos al no contemplar la evolución de los índices de morosidad, los ratios de endeudamiento de los prestatarios y la sobrefinanciación que se aplicaba basada únicamente en el valor de tasación del inmueble muy por encima de los valores reales del mercado" Antonio Danés COO de URBEi proptech

El error no fue comprar o invertir en viviendas sino comprar una mala hipoteca, en muchos casos, por encima del valor del inmueble y a tipo variable con unas condiciones horribles. Los inmuebles bien valorados y gestionados adecuadamente para generar rentabilidad, pese a las crisis, volverán de manera persistente a su capitalización y mantendrán tus ahorros a salvo, pero eso solo si entiendes el mercado y las decisiones que tomas no sean emocionales y sugestionada por tu entorno.

Al final, todo se trata de que te des cuenta de que somos títeres del sistema financiero y que dependemos de sus decisiones. Ya en el año 100 A.D, el poeta latino Juvenal dijo aquello de "Panem et circenses" refiriéndose a que los gobernantes solo tenían que preocuparse de proveer al pueblo de pan y circo para mantenerlos contentos, sumisos y entretenidos.

Grosso modo, para poder explicarme mejor, aquí un sencillo ejemplo. Cuanto mayor es el tipo de interés que los bancos solicitan por vender sus deudas hipotecarias, más dificultades tendrá el sector para crecer. La burbuja estalla cuando los tipos de interés suben en un mercado con precios alzados en los que la capitalización de los inmuebles es insostenible por aquellos que los disfrutan. Sin embargo, para poder refugiarnos de esos cambios cíclicos y a veces caprichosos, el bien inmueble es el salvaguarda perfecto, ya que tarde o temprano su valor volverá al alza. ¿Si su valor vuelve al alza quiere decir que habrás ganado dinero? Pues no siempre, dependerá de muchos otros factores que normalmente se obvian porque realizamos una cuenta global y no especificamos todos los detalles para así sentirnos cómodos con nuestra decisión. Es la llamada «cuenta la vieja».

—Jorge, en 2006 compré una vivienda que me costó 200 000 € y hoy, 15 años después, me la pagan a 240 000 €. Como ves, he ganado 40 000 € en esa operación.

El aguafiestas de Jorge:

—A ver, contabilicemos. ¿200 000 € con gastos o sin gastos de compraventa?

—Con gastos.

—Ufff, me das un respiro porque no es la primera vez que alguien me cuenta esto y no cuenta los gastos de compra, por increíble que te parezca. ¿Y 240 000 € de venta con gastos incluidos o gastos aparte?

—Ehhh, bueno, no, 240 000 € para mí y de ahí claramente tendré que pagar gastos como la agencia inmobiliaria, plusvalía e impuestos de patrimonio. **Comenta el vendedor.**

—Pues ya empezamos haciéndonos trampas al solitario. 240 000 €, descontamos 10500€ de la agencia inmobiliaria y después restamos plusvalía y al restante le quitamos el impuesto de incremento patrimonial que calculando las tres obtendríamos unos

22.500 que debes restar a tus beneficios.

—Ok, pero no acaba aquí: ¿Has pagado hipoteca?

—Sí pero mejor no sigas, Jorge **Comenta el vendedor.**

—Contabilizo intereses de 15 años a tipo francés y nos sale más de 53 000 € de intereses.

— Ahora viene lo mejor, ¿la alquilaste?

—Ahhh, claro, la he tenido alquilada, entonces la cosa cambia. La tuve por una media de 700 €. Si dividimos todos estos años y casi siempre alquilada, habré tenido unos

cinco inquilinos distintos. En total habré ganado unos 95 000 € en alquiler quitando impuestos. **Comenta el vendedor.**

—*No está mal. ¿Y los gastos de comunidad e IBI?*

—*En todos estos años, con una derrama que tuvimos, de comunidad fueron unos 19 000 € y de IBI otros 10 500 €.* **Comenta el vendedor**

—*¿La has tenido que pintar y reformar? ¿O cambiar electrodomésticos en ese lapso?*

—*Sí, me habré gastado unos 9000 € entre una y otra cosa.* **Comenta el vendedor**

—*Pues vayamos calculando:*

240 000 €

- 12 000 € IRPF - IVTNUU

- 19 000 € Comunidad

- 10 500 € IBI

- 9000 € Arreglos

- 10 500 € Agencia

- 53 000 € Intereses

136 500 € Total resultante

Ahora comenzamos a sumar los ingresos al total resultante:

136 500€ Total resultante

+ 95 000 € Alquiler

231 500 €

Como verás, ganarás limpios 31.500 € en 15 años, lo que es igual a 175 € al mes.

¿Decepcionante, verdad?

MÉTODO LEAN INVERSIÓN INMOBILIARIA

En este caso práctico, es posible ver cómo un inversor se deja llevar por números globales y por la sensación de ganancia por apenas un 0,7 % de interés anual. Es cierto que ha ganado, pero no menos cierto que para ganar un 0,7 % limpio se tuvo que endeudar, acabar con su capacidad crediticia y perder la posibilidad de realizar otras apuestas

con rentabilidades superiores al 15 % anual como las que estudiaremos juntos.

Con esta historia de uno de mis clientes mi intención es hacerte entender en sencillos trazos que, lo que no son cuentas son cuentos, y que a pesar de que la vivienda sigue un ciclo alcista, en algunos periodos y dependiendo de las fórmulas de rendimiento que tengamos o el endeudamiento afrontado, podremos sacarle rentabilidad o morir en el intento.

Si analizas adecuadamente los movimientos cíclicos del sector, podrás identificar que los mejores inversores aprovechas las aperturas de créditos bancarios posteriores a las crisis para comprar barato con apalancamiento y en los momentos de alta inflación donde las entidades cierran el grifo del crédito y suben los intereses, esperan pacientemente el momento para poder comprar en efectivo y realizar operaciones con rentabilidades altas dejando su capital a buen recaudo,

Perfil inversor

"Sr. Watson, venga aquí. Quiero verle". Esas sencillas palabras de Alexander Graham Bell desencadenaron la era de la comunicación y las distancia entre las personas comenzó a desaparecer.

Nadie podía imaginar lo que sucedió en los 150 años posteriores dando paso primero al correo electrónico, y luego a los mensajes de texto, Instagram, Twitter, Skype, Zoom, incluso los nuevos metaversos o muchos otros. Tan cerca pero a la vez tan lejos.

En los años 70, se descubrió que una persona estaba expuesta a sólo 500 anuncios al día. Hoy, esa cifra casi se ha multiplicado por diez. A las empresas les resulta cada vez más difícil hacer oír su mensaje. En un mundo de 5.000 anuncios al día, el elemento humano es el diferenciador más importante para las empresas y para ti como inversor.

No es lo que dices. Es cómo lo dices.

¿No me crees? Bueno, según el experto en comunicación no verbal Dr. Albert Mehrabian, hasta el 93% de la comunicación es no verbal. Eso significa que si prestas atención a las palabras que dices y no a cómo las dices, podrías estar hablando en klingon. (¡Y todos sabemos lo mucho que le gusta eso a la gente!)

Sin embargo, cuando lo haces bien -cuando encuentras la forma perfecta de llegar y conectar con tu público- puedes construir una relación que dure décadas. Porque no se trata de hacer una inversión, sino de hacer un amigo. Resulta que las interacciones humanas son extremadamente complejas, y todas esas pequeñas micro expresiones que hacemos pueden indicar a alguien si su mensaje está llegando o no.

Todo se reduce a las personas.

El gurú de la motivación Zig Ziglar dijo una vez: *"Si le gustas a la gente, te escuchará; pero si confía en ti, hará negocios contigo"*. Eso es lo que realmente es el negocio: la confianza.

Si has llegado hasta este momento sin aún haber invertido, este capítulo debe ser tu punto de partida.

Cuando quieres dar los primeros pasos una duda recurrente es la de: ¿Cómo me presentaré cuando ya entienda como iniciar mi actividad? Esta duda es comprensible ya que tenemos un miedo racional al fracaso o al menosprecio, y queremos sentir que hay congruencia en nuestras acciones.

MÉTODO LEAN INVERSIÓN INMOBILIARIA

Por ello, empezaremos con la tarea de hacerte un «perfil de inversor», tanto interior como exterior. A partir de hoy, necesito que comiences a visualizar tu vida de logros en este mundo. Debes verte como un gran negociador, capacitado para cerrar acuerdos millonarios y tomar buenas decisiones.

La primera acción externa que debes realizar para formar esta idea es la de crear una marca que te represente, sacarte unas fotos profesionales, contar con una web personal o *landing page* de presentación, tarjetas y presencia en redes sociales (RRSS). Puede parecerte extraño pero todo esto instaurará un primer pensamiento que consolidará en ti la revolución que necesitas para crear un movimiento poderoso hacia el triunfo.

El coste de esta tarea es mínimo (máximo 350 €), pero su potencia emocional al verte representado en RRSS, web y tarjeta como un experto es incalculable. Me encanta ver la ilusión de mis mentorizados cuando llegan las primeras tarjetas.

Debes tener en cuenta que parte de tu éxito llegará gracias a tu capacidad de relacionarte forjando contactos de valor, donde muchos de ellos querrán verificar que lo que cuentas es congruente y obviamente querrán constatarlo en redes sociales mediante un estudio previo de tu perfil. Por otro lado, más adelante desarrollaremos algunas técnicas para generar contactos de vendedores potenciales que quieren ofrecerte sus oportunidades de inversión. Estas técnicas van muy relacionadas con las redes sociales y el *inbound marketing*[3]. Por ello, esta tarea principal que te mando debe ser prioritaria para empezar a sentirte inversor.

En su libro *La magia de pensar a lo grande*, el autor David Schwarts nos dice: «Mira las cosas no como son sino como pueden ser. La visualización agrega valor a todo. Un pensador más grande siempre visualiza lo que se puede hacer en el futuro. No está atrapado con el presente».

Visualicemos sin olvidar que para hacerlo realidad todo parte de un gran esfuerzo.

Si lo que necesitas es poder iniciar como promotor de proyectos de inversión y quieres poder usar el nombre de una marca reconocida y una plataforma de apoyo, puedes hacerlo en el siguiente enlace:

https://urbei.net/book-asociarse

Aliados, soldados y consejeros

¿Conoces esa frase que dice «Sin soldados no se gana una guerra»? Andar solo es aburrido y lento, aquellos que conocen el valor de las alianzas se rodean de las mejores compañías y entablan relaciones que los mueven a realizar sueños conjuntos. Ahora, cuando termines tu lectura y aprendizaje, con tu perfil inversor asimilado puedes comenzar la búsqueda de aliados; es decir, personas que te aconsejen, ayuden y estén de tu lado para que tus posibilidades se multipliquen.

Como inversor y empresario he crecido gracias a la ayuda de aliados que han apostado por intereses conjuntos o, como les gusta llamarlo ahora, por el «*win to win*[4]» (no soy muy amante de los anglicismos, pero casi obligatoriamente algunos te tengo que soltar). Esos intereses forman relaciones más o menos duraderas y se basan en que mientras ganemos los dos, entonces mantendremos el equilibrio.

Por esto mismo, te aconsejo rodearte de aliados con un ego equilibrado, que valoren más la relación a vista futura y que no se centren en competir incesablemente. Lo que no suelo aconsejar en los inicios es que se creen relaciones jurídicas como sociedades limitadas u otras opciones con socios, ya que es fácil complicarse la existencia y hoy en día existen muchas nuevas fórmulas de compartir negocios sin necesidad de entrar en sistemas societarios mercantiles. Un ejemplo claro son las cuentas de participación, la colaboración en proyectos puntuales, *crowdfundings*, etc.; sistemas menos comprometidos e igual o más beneficiosos que las sociedades.

Para poder mantener y rotar equipos de aliados durante mi carrera he tenido que entender que ninguna relación es infinita y que, para lograr nuevos negocios y crecer, debes ampliar tu círculo social y buscar compañeros de viaje que crezcan tan rápido como tú o seguir tu camino en busca de aquellos que ya han logrado las victorias que buscas.

Una de las fórmulas más utilizadas es el «*networking*», esa receta mágica de rodearte de personas enfocadas en crear un negocio al igual que tú. Estas comunidades son tremendamente activas y deberás estudiar qué ofrecen y cómo crecen, ya que también se suelen acomodar sin esforzarse más en crear sinergias o atraer mejores talentos que suban el nivel de la comunidad.

Para mí, esta familia empresarial debe tener como pilar fundamental mantener un ascenso continuo de su nivel profesional y empujar a sus fieles seguidores a crear más y más sinergias que les hagan avanzar. Una buena comunidad empresarial de *networking* no debería ser un lugar basado en el ocio. Para ello, al igual que en tu negocio, ya tienes a tu familia, amigos y seres queridos con los que compartes entretenimiento y aficiones. Esto no quiere decir que de esas relaciones no puedan crearse amistades duraderas, sino que el objetivo que debes marcarte ante todo es el de hacer negocios y con los amigos no se suelen hacer buenos negocios.

Una vez hecho tu perfil, debes empezar a rodearte de este tipo de personas porque necesitas que se multipliquen y trabajen por ti. Es importante tener claro y dar a entender que, como inversores inmobiliarios, están enfocados en lograr resultados, y que quieres y necesitas a personas que te acompañen y que, a su vez, también sean beneficiadas gracias a tus nuevos conocimientos, actitud y talento.

Recomiendo enormemente que te rodees de notarios, agentes inmobiliarios, arquitectos reformistas, pintores, jardineros, *home stagers*, abogados, administradores concursales, subasteros, directores de banco, *brokers* financieros, agentes de seguros, otros inversores y, por supuesto, de tu consejero o mentores a quienes te avocarás para resolver dudas, levantarte el ánimo o mejorar tus capacidades productivas. Pero ante todo, aléjate de la mediocridad empresarial y de los desequilibrados. No permitas que nadie te haga abandonar tus metas y, mucho menos, que ocupen tu tiempo a su favor. Nuestra historia, hagamos lo que hagamos, se acabará tarde o temprano y cuando mires atrás solo recordarás a aquellos que te impactaron por su grandeza y no a los que absorbieron tu energía de forma insulsa y egoísta.

Llegado a este punto, en mis formaciones me suelen preguntar si no es demasiado contundente mi anterior afirmación y continuamente digo lo mismo: yo no soy el que dicta quién es mediocre y quién no, simplemente entre mis deseos está el mejorar la vida de mis seres queridos y la mía propia. Si alguien me lo impide o lo retrasa, opto por disminuir el tiempo que paso con esa persona o dejo de relacionarme con ella. Cuando tengas identificados todos los perfiles de ese tipo, sabrás cuáles debes mantener, cuáles atraer hacia ti y cuáles desechar.

Para crear vínculos no es suficiente con que te presentes digitalmente. Eso es lo más fácil. Lo imprescindible es que tengas contacto directo con ellos. Por más que estemos en un mundo cada vez más digital no encuentro ninguna acción de más valor que el «trato personal». De hecho, entre mis acciones prefiero mil veces una llamada de teléfono o videoconferencia que un mensaje a través de redes sociales.

Lo fácil o cómodo jamás producirá los mismos resultados que lo difícil e incómodo, ya que lo primero lo realiza cualquiera con constancia y lo segundo solo alguien que tenga una gran palanca que lo haga reaccionar. Cuando tratamos de crear relaciones e impactar, la acción más certera es la del cara a cara. Obviamente, puede que debas establecer un primer contacto de manera digital, enviando un correo electrónico, pero la amplitud del lenguaje verbal es mucho mayor que la del escrito, es menos pesado y más tranquilizador, por lo que, en caso de tener la posibilidad, te propongo realizar una visita directa. Si no existe esa opción, antes de escribir lo mejor es llamar por teléfono y finalmente escribir.

Hay que recordar que una relación beneficiosa se mantiene con perseverancia. No se trata de presentarte y esperar resultados, se trata de cuidar ese nexo que se ha empezado a construir. Uno de los primeros mandatos y de más importancia del *networking* es: «Dale valor a la relación primero y se construirán relaciones que pueden durar años». No puedes dejar de nutrir esa nueva red de contactos, porque cuantas más personas conozcan de tu actividad y de tu enfoque inversor, las posibilidades de que lleguen buenas oportunidades se multiplicarán. Llama la atención. Es importante que no pases desapercibido, decreta incesablemente y comparte a los cuatro vientos: «Soy inversor inmobiliario».

Cuando tenía apenas 17 años y, después de haber tenido que madurar demasiado rápido y estar agotado y condicionado por el mundo laboral en el que vivía, solo me paraba para visualizarme con mi traje impoluto, negociando con bancos u otros inversores, y sentándome en esa exclusiva mesa de reunión donde se reparten las grandes oportunidades que en aquellos instantes pensaba que solo eran alcanzables para unos pocos afortunados.

Gracias a esas horas de ensoñaciones despierto, poco a poco pude materializar cada una de esas imágenes y convertirlas más adelante en una realidad.

Aún sigo soñando, tengo un niño interior muy activo que no me deja conformarme y que quiere jugar y experimentar. Si alguna vez tengo la suerte de conocerte o ya me conoces, seguro que podrás comprobar cómo mi niño interior patalea y se divierte sin contemplación.

Visualices lo que visualices, siempre deberás estar rodeado de personas mejores que tú —esas personas que entiendas que en algún aspecto profesional o personal ya han logrado cosechar los logros que tú deseas—, de personas en las que confíes, de personas que te acompañen y te ayuden a lograr un éxito conjunto; el dar para recibir serán claves de ese camino. Busca siempre mantener la bondad, no te dejes llevar por el egoísmo o la prepotencia. En este mundo no hay nadie diferente, ni superior ni inferior y ese pensamiento me permitió en muchas ocasiones poder enfrentarme a personas que en algún momento consideré superiores a mí, bien por su bagaje, experiencia o sus estudios.

Cuando comencé, me perseguía un miedo que me atemorizaba en los peores momentos, el cual me hacía creer que mi inexperiencia, mi juventud o mi falta de conocimientos iban a ser un impedimento para que estas personas me tratasen adecuadamente. No obstante, mi sorpresa vino cuando me di cuenta de que hasta el mejor de los inversores y el mejor de los directivos conoce la fuerza del *networking*, relacionándose con personas de todo tipo, con o sin estudios, sin importar edades, ideologías o sistemas sociales.

Ellos entienden el valor de las relaciones y han comprendido que detrás de cada persona puede haber una oportunidad. He recibido oportunidades de negocio de abogados, administradores concursales, notarios, jueces, limpiadores, jardineros, arquitectos, inmobiliarios y de conserjes, y todas las personas con las que he tenido suerte de encontrarme en mi camino.

De todas esas relaciones, tanto ellos como yo, siempre hemos salido beneficiados y se han propiciado por mi gran necesidad de impactar en la vida de los demás y no pasar desapercibido. Puede que creas que es complejo y difícil entrar en ciertos círculos sociales, pero puede que no lo sea. Así que arranca inmediatamente de raíz esa idea de tu cabeza y empieza a valorarte como lo que eres o lo que estás creando; es decir, «un nuevo talento necesario para la sociedad».

Todos somos lo que somos, personas que algún día tuvimos la grandísima suerte de existir, seres que tarde o temprano acabaremos en el mismo espacio, en el mismo lugar, todos recorreremos los mismos caminos con diferentes vivencias pero con un mismo resultado. Aquellos miedos me atemorizaron durante una época y no puedo permitir que te suceda lo mismo.

Ese anclaje, esa idea errónea que me impedía avanzar desapareció gracias a que pude levantar la cabeza, subir mi autoestima y enfrentarme cada día a él, permitiendo que entraran en mí la poderosa energía y la actitud que hoy me permiten desarrollar mi carrera, ayudándome cada día a potenciar más y más mis relaciones, sin sentir miedo, vergüenza o desconfianza a la hora de relacionarme.

Cacería o ganadería

Voy a hacerte una analogía que me impactó bastante la primera vez que la escuché y que creo que es la forma más sencilla de entender el valor de todo lo que hemos estado comentando en el capítulo anterior.

En la prehistoria, el ser humano comenzó a alimentarse gracias a la cacería, una costumbre brutal para salir adelante. Todos los días tenían que coger sus lanzas, prepararse mental y físicamente para poder ir a buscar nuevas presas y alimentar a sus familias. Paso a paso descubrieron que podían cazar con distintas técnicas y que podía ser más sencillo hasta que, con el paso del tiempo, inventaron nuevas armas y trampas, y así pudieron alimentarse, sobrevivir y perpetuar la especie.

En el mundo de los negocios todos iniciamos como cazadores, tenemos que salir a por nuestras presas diariamente y esto, en muchas ocasiones, es agotador, ya que cada día tienes que levantarte a buscar una nueva oportunidad. Solo unos pocos afortunados tienen la autodisciplina y el coraje de llevar esto a cabo y otros muchos entienden que es la única forma de llegar a tener sustento. Sin embargo, nuestra historia nos recuerda que el ser humano fue capaz de avanzar y descubrir una forma mucho más sencilla de alimentarse sin tanto esfuerzo. Fue entonces cuando surgió la ganadería: los mismos alimentos generados por la misma persona, sin necesidad de tener que ir diariamente a cazar y hacer kilómetros y kilómetros enfrentándose a animales salvajes. El mismo sustento por un precio mucho menor.

Las acciones de *networking* comenzarán siempre como una cacería donde te verás obligado a salir continuamente a localizar nuevas relaciones que te hagan llegar oportunidades, creen valor a tus activos o con las que crear o mejorar tus nuevos negocios. Será un inicio un tanto incómodo si hasta la actualidad no has desarrollado placer por las relaciones sociales; sin embargo, llegará un período donde todos esos nuevos contactos quieran estar y disfrutar de tu jardín, de esa «granja» que has creado, donde les has entregado amistad y donde cada día se cultivarán las relaciones para crecer nuevos frutos.

Llegado a este punto, habrás creado una red de *networking* en «modelo ganadería» que se convertirá en tu sustento sin la necesidad de invertir tanto esfuerzo como al principio, donde el cuidado de tus aliados se convertirá en tu mayor obsesión y donde esos mismos «nuevos amigos» te referirán a los próximos aliados que harán crecer tu ganadería. Aun así, hasta en ese instante te seguiré aconsejando que recuerdes lo complicadas que, al principio, fueron las rutinas de cacería, de manera que también valores la tarea de cuidar tu nueva red de contactos, tus nuevos aliados y amigos, y de esta forma no tengas que empezar de cero nunca más.

Si abandonas la constancia de esta u otras tareas, la posibilidad de avanzar o mejorar se anularán y siempre te encontrarás en un círculo vicioso frustrante. Por inconformismo, incluso por placer, tarde o temprano te tocará volver a cazar para ampliar o mejorar tu red de aliados, y debes tener claro que remangarte para mejorar es una actitud de héroes y en este libro te estoy dando justamente nuevos súper poderes para que jamás sea un sacrificio hacer negocios sino todo lo contrario: un placer.

Te puedo asegurar que cuando comencé a entender este concepto y a ponerlo en práctica, me sentí tremendamente estúpido por no haberlo hecho antes y haber malgastado mucho tiempo rodeado de personas que en poco o nada me ayudaban a mejorar.

Desde ese día invertí gran parte de mi capital en formaciones y cursos donde sí había iguales que se esforzaban por mejorar y ampliar sus conocimientos, que no se conformaban con ser esclavos de sus empleos, que sabían y entendían el valor de las inversiones, que percibían perfectamente que la riqueza económica les proporcionaba libertad, que valoraban cada relación y cada persona con la que se encontraban porque veían más allá de una simple reseña o de unos cuantos *likes* en redes sociales, y que entendían que, cuidando y haciendo crecer sus círculos de amistades, su propósito vital y profesional se hacía visible de inmediato.

Antes de seguir con las rutinas que hacen que tu red crezca, me gustaría reflexionar un momento sobre a quienes les cuesta más de lo normal relacionarse o convertirse en el centro de atención. Si estás en esa situación, es probable que creas que es difícil superarlo y quiero aliviarte de ese equipaje para que puedas navegar sin tropiezos en busca de nuevos premios.

Siempre pensé que el mundo de los negocios estaría lleno de extrovertidos. Gente habladora, que sabía vender todo y a todos, que no tenía problemas para lidiar con una multitud o ser el centro de atención.

Resulta que ser introvertido no es un impedimento para triunfar en los negocios ni en las inversiones. Según un estudio de El Economista, el 40% de los ejecutivos se consideran introvertidos. Sólo imaginar este porcentaje parece inconcebible. ¡No me imaginaba a ningún director general de una empresa siendo tímido y deseando evitar las situaciones sociales!

Sin embargo, Susan Cain, abogada y consultora especializada en ayudar a las empresas a organizarse de forma más eficiente, dice que una gran parte de su carrera ha sido la creación de una "persona falsa", que utiliza cuando la necesita para salir adelante en su vida profesional.

Yo también he sido muy introvertido, aún a veces me cuesta soltarme en público, así que sé lo que es sentirse incómodo con ciertas situaciones. Pero la verdad es que no tiene porque ser un problema: Sólo hace falta un poco de práctica y acostumbrarse a pensar (y actuar) de forma diferente a la que quizá estamos acostumbrados.

¿Te va a costar más esfuerzo que alguien extrovertido?

Pues sí, pero justamente de eso trata este libro, de entrenar lo desconocido, salir de lo confortable para vivir una vida sin miedos.

Rutina de éxito (plan y estrategia)

Jack Dorsey es un tipo fascinante. Es el multimillonario fundador de Twitter y de la empresa de pagos por móvil Square, y es conocido por su peculiar estilo de gestión y su controvertida dieta y estilo de vida.

Se levanta a las 5:30 todas las mañanas, se pone ropa para hacer ejercicio, se pone un par de audiolibros o podcasts y anda ocho kilómetros hasta el trabajo. Los martes y jueves trabaja desde casa. El resto de la semana trabaja 16 horas diarias desde un escritorio de pie.

Durante sus 16 horas de trabajo, Jack se toma un descanso de 10 minutos para meditar y luego camina otros ocho kilómetros hasta su apartamento para cenar, una sola comida compuesta por proteínas (pescado o pollo), verduras (brócoli), chocolate negro y bayas.

De lunes a viernes, Jack come una vez al día; los fines de semana ayuna por completo. Utiliza saunas y baños antes de acostarse cada noche.

Por muy controvertido que sea el enfoque de Jack, está claro que le funciona. Como CEO de Twitter desde 2015, guió a la marca a través de su oferta pública inicial en 2013 con un precio de oferta pública inicial de 26 dólares por acción -y en el momento de escribir este artículo y tras la compra de Elon Musk, las acciones de Twitter cotizan aproximadamente a 53 dólares por acción.

Como ya has visto, al final todo es cuestión de enfoque y superación aunados en un método constante que te permita obtener resultados.

El siguiente paso es establecer una rutina con la cual puedas empezar a hallar esos contactos que te originen nuevas oportunidades. Para iniciar, debes elegir un modelo de inversión con el que puedas lograr tus victorias y poner tu *focus* en ello —esto solo lo sabrás al final de libro, por lo que te lo recordaré en el momento de reflexión— y luego identificar una zona de acción controlable. Elige un punto concreto, delimita, no quieras abarcar una zona muy amplia. Aunque te parezca raro, cuanto más amplia es la zona donde comiences a realizar tus primeras inversiones, más dificultades tendrás para evaluar los negocios, más se complicará el control de tu red de aliados. Además, paso a paso, cuando tu talento mejore gracias a la experiencia y ganes nuevos conocimientos de forma gradual, la zona concreta elegida se irá agrandando por inercia.

Por ahora, comienza en un lugar donde te sientas seguro, que conozcas, donde sepas y entiendas qué puedes evaluar en cualquier instante: una oportunidad de compra, de venta, de alquiler, de subasta, etc., con pocos medios. O, debido a los conocimientos que tienes de dicha zona, una donde ya exista una pequeña red de contactos y que, exponencialmente y de manera sencilla, puedas ir haciendo crecer.

Imagino que mentalmente ya tienes identificada esta zona. Ahora, comencemos a emplearnos a fondo: si habláramos de cacería, la primera parte de nuestra rutina, la única opción sería salir a buscar manualmente a través de redes sociales, eventos, formaciones, portales especializados, asociaciones y congresos.

Bien, busca y haz una lista de todas las personas con las que te gustaría entablar alianzas e investiga en qué asociaciones, eventos y formaciones se encuentran normalmente y esfuérzate por asistir a cada una de ellas. Cada lugar que visites, cada persona con la que te encuentres debe tener tu tarjeta y saber a qué te dedicas. No importa si es un evento especializado en el palacio de congresos de tu ciudad o si es el camarero de la cafetería en la que desayunaste.

Cuando practico «cacería de oportunidades» suelo iniciar en los portales inmobiliarios, filtrando entre toda la oferta, a la espera de encontrar un nuevo vendedor que valorar, alguien que realmente tenga intenciones de vender su inmueble. Esta tarea la programo de forma semanal y casi diaria, y es una de mis primeras acciones empresariales del día. Mi objetivo es que a través de agencias inmobiliarias o de particulares, valoren mis ofertas y sean lo suficientemente atractivas para que lleguemos a un acuerdo. Cualquier inmueble que se encuentre publicado es un inmueble que hasta el momento no ha tenido éxito, bien por su elevado precio o bien porque nadie con talento ha sabido darle valor.

Cuando lleves a cabo esta acción recuerda que jamás puedes conformarte con un mensaje de texto a la espera de respuesta. Una llamada o una visita crearán la diferencia y, en todo caso, si la operación no se lleva a cabo, al menos ya habrás cumplido con la parte principal de este tema: «que te reconozcan como inversor y que amplíes tu círculo de influencia».

Tener un discurso de llamada preparado me ayudó en mis inicios. Debes crearte uno acomodado al contexto de la situación, al tipo de inversión que te gustaría generar y al interlocutor. Cada persona es distinta y un buen inversor debe saber que el premio de esa negociación está oculto y se descubrirá si puede adaptarse a la personalidad del otro y entender cuál es realmente su meta, escuchándolo de forma activa para finalmente ofrecerle una propuesta que se adapte a sus necesidades y les permita producir negocio.

En una conferencia para la empresa Alfio Bardolla Training Group, Robert Kiyosaki nos comentó que solo uno de cada cien vendedores es susceptible de ser interesante para cerrar un acuerdo de inversión. Esto es cierto a medias. Si estás buscando solo aquellas operaciones fáciles con grandes y rápidos retornos, te aseguro que los datos que nos ofrece el autor de *Padre rico, padre pobre* son ciertos.

Sin embargo, personalmente no me suelo centrar solo en la búsqueda de personas con alta necesidad de dinero o que busquen deshacerse del inmueble de forma urgente. Obviamente, cuando lleguen (que llegarán) sabrás como actuar, pero lo ideal es que no deseches al resto porque existen cientos de formas de obtener ingresos gracias a los inmuebles y mi trabajo es que las conozcas todas para que cada vez que tengas una reunión con un vendedor, con un arrendador, con otro inversor o una empresa de explotación, puedas sacar beneficio.

Si hablamos de ganadería, podríamos hablar de *inbound marketing*, hacer que esas personas se acerquen a nosotros atraídos por nuestro talento y dedicación como nuevos inversores y posteriormente mantenerlos con dedicación y cariño a nuestro alrededor para crear buenas sinergias y negocios.

Utilizo las redes sociales de forma muy activa desde hace unos diez años y su retorno es magnífico. No podrá compararse jamás al trato directo (yo gano mucho en las cortas distancias), pero es innegable que se pueden crear relaciones a través de esos espacios digitales y tener resultados óptimos.

La clave suele estar en el principio de «dar para luego recibir». Crear contenido de valor y ofrecer propuestas que interesen para llamar posteriormente a la acción. Junto a mi equipo, hemos creado un proceso de generación de contactos automáticos por redes sociales, con los cuales llegamos a los consumidores de forma sencilla para ofrecerles la oportunidad de que evaluemos si sus inmuebles son aptos como inversión para nuestro grupo.

Semanalmente se crean campañas que nos retornan contactos nuevos que se convierten en inversiones o los dejamos como nuevos y posibles aliados. en caso de que te aceptemos como inversor estratégico, podrás aprovecharlas y realizarlas con nuestro equipo.

Una de las campañas que mejor aceptación ha tenido fue realizada por necesidad y no por estrategia.

Dentro de mis empresas tenemos un área dedicada a construcción y reformas. Normalmente, nos encontramos con dificultad para cubrir los puestos. A veces porque nos fallan los reformistas y otras porque hay exceso de trabajo y nuestros equipos no dan abasto. En una de esas situaciones opté por crear una campaña gratuita en redes sociales buscando todo tipo de «aliados»: albañiles, pintores, personal de limpieza, mantenimiento, jardinería, carpintería, etc.

En tan solo un fin de semana recibimos noticias de 116 interesados en ayudarnos. Obviamente, aún no hemos podido contar con todos ellos, pero lo interesante es que todos esos profesionales recibieron una llamada y un *e-mail* de agradecimiento donde se les informaba de cuál era nuestro talento y objetivo, invitándolos a colaborar con nosotros. ¿Sabes qué ocurrió? Nos llegaron 14 nuevas oportunidades para evaluar en las dos semanas siguientes a la campaña. A coste económico cero, obtuvimos ganancias.

Comienza a tratar en grupos de redes sociales cercanos a la zona donde te interesa invertir. Crea estas campañas de *inbound marketing* a través de los canales Ads de plataformas como Facebook, LinkedIn o Instagram, con formularios en los que solicites datos de contacto a todos aquellos que estén interesados en vender, en crear oportunidades de inversión o en ayudarte en reformar o mejorar inmuebles en los cuales tú inviertes. Así, cada vez tendrás más y más seguidores con los cuales podrás contar en cualquier momento.

Para crear una rutina de generación de contactos y búsqueda de oportunidades exitosas, permíteme recomendarte algunas «herramientas gratuitas» que uso y que me facilitan poder mantener un crecimiento constante. Todas son propiedad de «san Google». Concretamente, te hablo de:

- Gmail (correo electrónico)
- Drive (nube)
- Google calendar (calendario)
- Keep (Notas y listas)

- Task (Recordatorios)
- Form (Formularios)
- Sheet (*Landing pages*)

Con Keep, Calendar y Task podrás, semana tras semana, incluso durante todo el año, tener agendada todas las tareas que irás acumulando y así podrás enfocarte, de manera organizada, en llevar a cabo tu objetivo. Con Keep, además, puedes anotar absolutamente todas las ideas y propósitos que tengas previstos. Conseguirás tener siempre a mano, desde cualquier dispositivo, tus pensamientos conforme a las distintas acciones que quieres realizar para llegar a alcanzar tu meta. En mi caso, semanalmente y durante todo el año, tengo tareas recurrentes, como pueden ser revisión de subastas, campañas de *inbound marketing*, llamadas a mis principales aliados (cuidado de los contactos), revisiones de oportunidades. A principio de año siempre creo una estrategia económica que me acompaña durante todo el año para obtener resultados óptimos: diseño un calendario unido a un presupuesto económico que se va a destinar a dichas campañas divididas en varios criterios: búsqueda de oportunidades de cesiones, alquileres y compras.

De manera consecutiva debes llevar todas esas tareas al Calendar y especificar qué días irás realizando dichas acciones y cuándo has elegido tener resultados con ellas. Con Gmail y Sheet podrás crear tu perfil inversor y realizar webs de campañas de atracción de oportunidades que terminen en un formulario (Google Form). Estas plataformas y herramientas están sincronizadas, por lo que tus datos jamás se perderán de la nube.

En Google Drive podrás guardar toda la documentación de los inmuebles, fotos y datos de tus contactos. Cuando tengas un volumen bastante considerable y tus datos o contactos tengan un crecimiento exponencial, muy posiblemente necesitarás una CRM para la gestión masiva de todas las oportunidades a evaluar. «Santo problema».

Para finalizar este tema sin que te inunden las dudas, te envió un mensaje tranquilizador: Se está dirigiendo a ti posiblemente la persona más analógica y desorganizada del mundo. Mi zona de confort se encuentra en el cara a cara. Las redes y la tecnología han llegado a mí como una incomodidad más a la que me he visto obligado a enfrentarme, pero ni me gustan, ni se me han dado especialmente bien. Aun así, con constancia he podido usarlas adecuadamente y cada día forman más parte de mis acciones, facilitándome las relaciones y los negocios.

Eso sí, la constancia y el esfuerzo son fundamentales. En este mismo instante son las 5.16 de la mañana de un martes mientras te escribo estas líneas. Y esto no es porque me guste madrugar ni pertenecer al Club de las 5. Además, me acosté a las 00:30 horas. Simplemente es necesario para poder compartirte mis conocimientos. Aunque nunca me ha gustado dormir mucho (duermo menos que el chofer de Batman), si no hiciese este sacrificio y sin experiencia previa en este ámbito, jamás podría lograrlo.

No es casualidad que este hábito se repita en todos los manuales de emprendedores. Aunque cada uno debe descansar lo necesario para ser productivo, mientras duermes la vida pasa.

Joseph McClendon III me dejó una lección que se me quedará siempre, una lección tremendamente sencilla pero a la vez reveladora: Si duermes diez horas durante una media de 85 años, habrás pasado 35 años dormido y 50 años despierto, aproximadamente. Si tu mente y tu cuerpo se hubiesen preparado para descansar adecuadamente en 6 horas, la misma persona dormiría 21 años y tendría 14 años más de experiencias vitales que en el anterior ejemplo. ¡14 años más! Casi una nueva adolescencia.

Eso me impactó tanto que pongo todos los medios para llevarlo a cabo. Es una suerte estar vivos. Para ser más exactos, según el estudio de Ali Binazir, la probabilidad de que estés aquí es de $1/10^{2\,685\,000}$ y esto equivale a que 2 000 000 personas se juntaran en un mismo lugar y cada uno tirara un dado de 1 000 000 000 000 caras y que cada uno de los 2 000 000 sacaran el mismo número. Impresionante, ¿verdad? ¿Y te lo vas a pasar durmiendo?

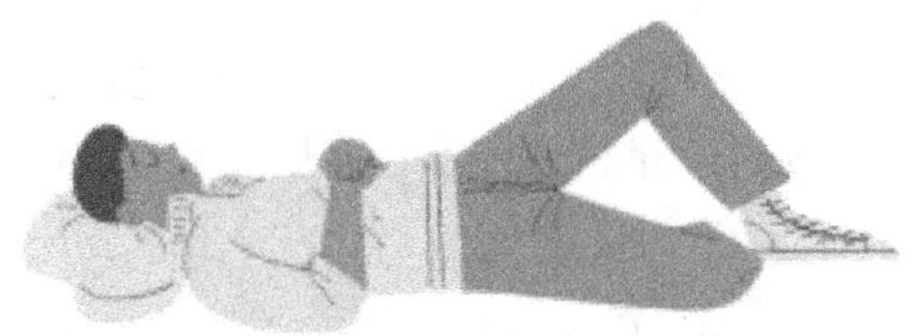

Capítulo 3: NI BLANCO NI NEGRO: GRIS

No hay nada tan cierto en el mundo como la muerte y los impuestos.

Benjamin Franklin

Tu amigo, el Estado

Aproximadamente por el siglo IV a. C. el filósofo chino Lao-Tse escribió: «El pueblo pasa hambre porque sus superiores consumen en exceso sobre lo que recaudan». Apenas unos «añitos después», seguimos en la misma situación.

Imagino que, al igual que yo, ya te percataste de que no todos contribuimos por igual y que si sigues al pie de la letra las indicaciones gubernamentales en materia fiscal, sin manejar los vehículos que te permiten ahorrar los excesivos impuestos, difícilmente, por más que te esfuerces, llegarás alguna vez a dejar de preocuparte por el dinero.

Los gobiernos, sobre todo el nuestro, han creado mega estructuras estatales, en muchos casos ineficientes, a costa del contribuyente y la nefasta gestión económica del PIB nos han endeudado hasta los máximos históricos y eso lo pagaremos aquellos que tributamos.

Los que quieren vivir en la Moncloa conocen el sistema y saben que existen los no contribuyentes por imposibilidad o porque viven de las economías sumergidas. Después están las clases medias que abonan la mayoría de los impuestos a tipos absurdos y, por último, la clase alta, que conoce los mecanismos para que no la tomen por tonta.

En nuestro caso, como indica una famosa cadena de electrodomésticos: «Yo no soy tonto», debemos conocer adecuadamente la fiscalidad de dónde vamos a operar teniendo en cuenta que nuestra finalidad no será defraudar a la Agencia Tributaria sino usar los impuestos de la forma más favorable siguiendo las indicaciones de un experto en la materia.

No es recomendable arrancar con una actividad de este tipo sin tener los conocimientos más básicos en fiscalidad o sin contar con una persona experimentada que nos ayude, ya que nuestro principal accionista será el Estado. Será el primero en cobrar y el último en pagar; y, en caso de que tengamos dificultades, igualmente será un socio exigente al cual deberemos abonarle todo aquello que nos solicita sin contemplación de ningún tipo.

Yo tengo muy claro y quiero que también lo entiendas que pagar impuestos debería ser algo positivo y beneficioso para todos. Con estos impuestos podríamos sufragar gastos tan trascendentes como la sanidad, la educación, la seguridad o la vivienda social para aquellas personas que realmente se encuentran en riesgo de exclusión. Sin embargo, todos sabemos que en la mayoría de los países los regímenes políticos y la dictatocracia no hace buen uso de los impuestos y lo malgasta y malversa a su gusto mientras se aseguran sus intereses y despistan al pueblo en sus luchas políticas, maldiciendo a empresarios y a grandes fortunas porque contribuyen «poco» a sus causas.

Por ello, mi consejo es que abones lo justo y necesario para que el país siga adelante y tú puedas vivir en un estado de bienestar, pero no caigas en la trampa de creer que todos esos impuestos van a ir en tu beneficio propio y que cuando llegue el momento de tomar una decisión, como puede ser una votación, busques aquellos partidos políticos que extrañamente entiendan que la gestión de los impuestos tiene que ir en beneficio de aquellos que realmente lo necesitan y en pos de aquellos que lo pagamos. Remarco lo de «realmente lo necesitan» porque no todos tienen impedimentos físicos o mentales que les impida trabajar y me parece tremendamente injusto ver cómo una madre soltera trabaja de sol a sol limpiando casas y oficinas para mantenerse mientras le retienen sus impuestos y muchos otros viven de la sopa boba aprovechando ayuditas mientras, en el caso de salir a trabajar algún día, lo hacen sin pagar un solo impuesto. Un anterior socio y amigo siempre me decía: «En este país quien trabaja, come; y quien no trabaja, come y bebe». Te pido disculpas por este discurso en tono de enfado, pero es que las injusticias y el egoísmo de algunos inconscientes me puede.

Paga religiosamente y busca ayuda profesional para no pagar de más. Si no es así, y sigues viendo que tu cuenta no crece porque por más que ganas los impuestos la disminuyen en exceso, tendrás que tomar decisiones un poco más complicadas, como la de trasladarte a comunidades o países que tengan una menor presión fiscal.

¿Cómo puede ser que los gobernantes usen continuamente el derecho a una vivienda digna como arma arrojadiza en el congreso, pero después incrementen su coste con impuestos en ocasiones en más de un 10%?

Un ejemplo actual en materia fiscal sobre los inmuebles se encuentra entre Andalucía y Comunidad Valenciana. Si queremos comprar para vender y somos una persona jurídica (autónomo o empresa) la diferencia en el pago del ITP[5] es del 10 % sobre el valor del inmueble[6] para la Comunidad Valenciana y un tipo reducido del 2 % para Andalucía en empresas inmobiliarias dedicadas a la compraventa de inmuebles. Si tienes una empresa en la zona ZEC (Islas Canarias) puedes llegar a tributar a un 4 % de impuestos de sociedades, mientras que en la península subimos a un 25 %. ¡Increíble!

Como vehículo que produce el mayor ahorro se encuentran las SOCIMI[7] que no tributan en impuestos de sociedades (IS), pero que no se pueden crear sin un patrimonio de 5 millones de euros. También tenemos una bonificación del 85 % del IS para sociedades con más de ocho viviendas arrendadas que las tengan al menos tres años alquiladas y un 90 % si su arrendatario padece una incapacidad.

Si no eres persona física tienes una reducción del 60 % del IRPF sobre el rendimiento neto por el alquiler de las viviendas. Las rentas del alquiler de vivienda en España han experimentado sustanciales incrementos y, sin duda, una eficiente fiscalidad ayuda a mejorar la rentabilidad de esta actividad, a subir la oferta del parque de viviendas disponibles al igual que pasaría si hubiese un mejor marco de seguridad jurídica en los arrendamientos.

Ahora un truco rápido para ahorrar en impuestos.

¿Sabias que la compra de un proindiviso (una participación indivisible de un inmueble) tributa por ITP, pero al extinción de esas participaciones a tu favor lo hace a AJD que va desde un 0,5 a un 1,5 % dependiendo de las comunidades autónomas donde lo realices?

La extinción de condominio está regulada en los artículos 400 a 406 del Código Civil. También es muy importante en este caso el artículo 1.062, que establece lo siguiente:

"Cuando una cosa sea indivisible o desmerezca mucho por su división, podrá adjudicarse a uno, a calidad de abonar a los otros el exceso en dinero"

¿Qué quiere decir esto?

Te pongo un ejemplo:

En 2021 compré un local a fin de realizar un coliving (más adelante lo explico mejor), esta propiedad pertenecía a 11 herederos.

Llegamos a un acuerdo de compra donde debía tributar el 7% de los 350.000€ que me costo, ósea 21.000€ de impuestos, pero antes compré solo una onceava parte a uno de los herederos y por ello tributé al

MÉTODO LEAN INVERSIÓN INMOBILIARIA

7% por ITP, unos 2.227€ y más adelante adquirí el resto de las participaciones donde pagué apenas 3818€ tributando actos jurídicos documentados AJD, por extinción de condominio. Un ahorro de casi 15.000€.

Un ahorro fiscal así puede hacer que una operación inmobiliaria que todos desechan por poco margen se convierta para ti en una oportunidad de oro sin competidores.

Si quieres saber más sobre ahorro fiscal en el siguiente enlace te regalo una consulta gratuita con uno de nuestros expertos de URBEi:

https://urbei.net/book-consultas

La ley del mejor informado

> *Aprende cada día. Pero, sobre todo, aprende*
>
> *de la experiencia de los demás. ¡Es más barato!*
>
> John Bogle

Muy, muy atrás quedan los años en los que, al llegar a la edad adulta, aprendíamos un oficio que nos duraría hasta la jubilación. Años y años de repetición en los que no había lugar para la innovación o el cambio.

No se trataba tanto de tener que aprender como de tener que desaprender. En su libro Sapiens: Una breve historia de la humanidad, Yuval Noah Harari dice que hoy estamos tan acostumbrados a la idea del cambio continuo que no podemos imaginar cómo debió ser la vida de las personas que vivieron en una época en la que nada cambiaba. (Porque si nada cambia, no hay necesidad de aprender).

Pero ahora todo cambia constantemente: la tecnología avanza a pasos agigantados y esto repercute en todos los aspectos de nuestra vida. Así que si queremos estar al día con estos cambios -y hoy en día es más que una cuestión de estar al día; si no te mantienes al día te quedas atrás- no tenemos más remedio que seguir aprendiendo a lo largo de nuestra vida.

Por ello, el aprendizaje permanente se ha convertido en una parte esencial de nuestra existencia, porque el aprendizaje constante es lo que nos permite crecer como seres humanos y adaptarnos al mundo que nos rodea. En otras palabras, el aprendizaje es necesario para sobrevivir en la sociedad.

Albert Einstein dijo que "una vez dejas de aprender, empiezas a morir". ¿Quiénes somos nosotros para llevar la contraria?

MÉTODO LEAN INVERSIÓN INMOBILIARIA

Al principio de mis andaduras en el sector pensaba que ser inversor era un resultado de tener dinero y querer sacarle rentabilidad. En definitiva, pensaba que cualquier persona que tenía dinero era ya un inversor. En la crisis de 2008 empecé a darme cuenta de que no era cuestión de dinero sino de acceso, de control y de fascinación por la información.

Estas personas saben leer los altibajos, están preparados para innovar, entienden el valor de saber retirarse en el momento oportuno o perseverar, comprendiendo cómo funciona la demanda y la oferta, obsesionándose por mejorar todos sus conocimientos, entendiendo que la máxima de este negocio no se encuentra en el capital que tengas sino en el talento con el que cuentas para descubrir, crear o identificar magníficas oportunidades.

Un ejemplo muy fácil de entender es el de algunos de los mejores gestores de fondos del mundo que en sus inicios no contaron con ahorros para invertir; sin embargo, lograron gestionar carteras de billones de euros de otras personas que, al contrario que ellos, poseían el capital pero no habían invertido en sus propios conocimientos, a veces por falta de interés o por falta de actitud.

Cuando haces una apuesta *all-in* en ti mismo y amplías tus conocimientos, te posicionas en lo alto de la cadena de valor. Cuando entiendes cómo funciona la gestión urbanística, los sistemas financieros, la economía mundial, la política y los factores sociológicos, eres el inicio de la cúspide de la pirámide de las inversiones y la materia prima más valiosa del organigrama.

Cualquiera con algo de dinero heredado o con un apalancamiento medio decente puede comprar puntualmente a precio de liquidación o alquilar un inmueble realizando una pequeña inversión por un 5 % de ROI anual, pero solo aquellos que conozcan en profundidad todos los conocimientos necesarios que te he comentado serán capaces de mantener una estabilidad y un ritmo durante grandes ciclos, y podrán realizar negocios escalables y duplicables que se convertirán en la cúspide de esa pirámide, creando ganancias para ellos, para sus inversores y para todos sus asociados.

Retornos

Las inversiones exitosas consisten en saber gestionar el riesgo,

no en evitarlo.

Peter Lynch

Don Emilio era conocido por todos como un hombre de carácter austero. Nunca quería malgastar el dinero, y siempre encontraba la manera de hacer que las cosas duraran más, incluso sus corbatas, a las que una vez gastadas le pedía al sastre que les diera la vuelta.

También era conocido por ir a la iglesia todos los domingos, y allí, en primera fila, escuchaba al mismo mendigo pedirle limosna con el mismo estribillo todas las semanas: "Una limosna, don Emilio, por Dios". Pero él le ignoraba cada una de las semanas, hasta que un domingo pareció que el propio Dios había escuchado la súplica del mendigo. Cuando don Emilio se dio la vuelta después de la misa, vio a el mendigo que le imploraba de nuevo: *"Una limosna, don Emilio, por Dios y por la Virgen"*. Y don Emilio contesto; *"Ahora que tienes dos avalistas toma"* y le dio sus monedas".

Posiblemente sepas de quien te estoy hablando, te doy una pista:

Don Emilio descansa ya en paz, se apellidaba Botín y el banco que presidía es internacional y tiene más de 27.000 empleados.

Es curiosa esta historia, algún lector lo identificará como tacañería absoluta, otros entenderán que no es posible crecer si regalamos nuestro dinero que es el fruto de nuestros esfuerzos a aquellos que no quieren mejorar.

Don Emilio donó por herencia más de 700 millones, **240 serían destinados a universidades españolas** y el 30 % se invertiría en proyectos de centros académicos de países iberoamericanos y del resto del mundo.

Tres conceptos que te deben obsesionar como inversor son el ahorro, el ROI (*Return on investment*) y el ROE (*Return on equity*). Ambas últimas fórmulas son necesarias para evaluar la rentabilidad que tenemos delante partiendo del capital total invertido y su retorno (ROI) o de la cantidad de capital propio que hemos dispuesto a la operación y su retorno (ROE).

Fíjate en este ejemplo:

Hay una vivienda en la que para comprarla, abonar gastos e impuestos y reformarla debemos invertir 100 000 €. Posteriormente, la vendemos en 140 000 € y hacemos que el capital retorne con unos beneficios brutos de 40 000 €. Pensemos que de esos 40 000 € vamos a destinar 10 000 € a impuestos, gastos de intereses y pagos extras del mantenimiento del inmueble en el período que hemos mantenido la propiedad y nos quedará un beneficio neto de 30 000 €.

El ROI no tiene en consideración de donde ha llegado el capital total utilizado y su fórmula es la siguiente: *Beneficios netos / Inversión x 100* (para que nos dé el porcentaje). En el caso especificado, es obvio que tenemos un 30 % de ROI, que a su vez es el retorno ideal para evaluar una operación considerándola rentable. Me explico: Si evalúas una inversión con una rentabilidad anual inferior al 30 % de ROI, por ejemplo un 15 %, a pesar de que te parezca beneficiosa, te estas arriesgando a que en caso de haber realizado mal el estudio de mercado o que los costes de la obra se alcen o sobre llegase una crisis económica, tu margen fuese tan escaso que pudieses tener perdidas.

Ahora vamos a evaluar el ROE. En este caso, entra en juego en la ecuación un nuevo concepto: el *equity*, o lo que es lo mismo, el capital propio que hemos destinado al proyecto.

Aquí otro ejemplo, tomando como referencia la inversión anterior: de los 100 000 € de la compra, 70 000 € han sido prestados por una entidad bancaria. A esto se le llama «apalancamiento». El cálculo del ROE sería el siguiente: *Beneficios netos / Equity x 100*. Aquí observamos cómo nuestro ROE es del 100 %; es decir, «hemos duplicado nuestro dinero».

Como punto de partida, en caso de ser una compra y venta tendremos en cuenta el ROI para evaluar el riesgo operativo de la inversión, siendo inaceptable menos de un 20 %. En ambos casos y, para mayor control contable o en la búsqueda de inversores que nos ayuden a unir fondos para la operación, debemos contabilizar el ROI y ROE anual.

Si nuestro proyecto anterior tiene un plazo de 6 meses, el cálculo sería el siguiente:

Beneficios netos / meses del proyecto x 12 meses.

El resultado se divide / inversión total x 100 para evaluar el ROI anual.

30 000 / 6 x 12 = 60 000

60 000 / 100 000 x 100 = 60 % ROI anual

Para el ROE, cambiamos el capital invertido por el *equity.*

30 000 / 6 x 12 = 60 000

60 000 / 30 000 x 100 = 200 % ROE anual

Obviamente, este dato no nos indica que si mantenemos el inmueble 12 meses volveremos a producir el doble de nuestro ROE a 6 meses, solo nos hace referencia a un indicador de que en caso de volver a realizar una operación igual con ese capital inicial nuestra capacidad de retorno es esa.

Valores espirituales

Seguro que este título te está llamando la atención y te está haciendo pensar: «A ver de qué me va a hablar Jorge ahora... Espero que no me cuente ningún rollo lleno de humo y de poca productividad». Pues no, justamente en este apartado, dentro del capítulo «Ni blanco ni negro: gris», vamos a hablar del Santo Grial para duplicar tu negocio en el ladrillo y, sobre todo, hacerlo duradero y que sea lo suficientemente motivador para que no te frustres, demostrando valor y entereza para sobrepasar todos los desafíos que están por llegar. Además, para que sea un libro útil debe equilibrarse entre lo técnico, lo productivo y lo espiritual. Decía Pierre Teilhard de Chardin: «No somos seres humanos atravesando una experiencia espiritual; somos seres espirituales viviendo una experiencia humana».

Como en todo negocio, en el mundo de las inversiones se han cometido errores garrafales poco éticos o morales. La ética, la moral y los valores más sustanciales tendrán que acompañarte a cada segundo y anclarte a un camino que, si bien es económicamente atractivo, no por ello debe ser inmoral. Un solo traspié, una mala praxis, dejará una huella imborrable en tu mente. Si logras tu propósito desaparecerán los remordimientos momentáneamente pero, como todo en esta vida, más temprano que tarde pasará factura.

No puedes ni debes ser incongruente, el fin de las inversiones es hacer crecer tu patrimonio y el de aquellas personas que se unan a ti sin que sea necesario malversar, robar o engañar. Cuando hayas ganado dinero a costa del engaño, sentirás resistencia debido a la incongruencia. Tu cerebro no va a ser capaz de procesar y soportar esa relación de amor por el dinero y odio por tu persona, y las acciones que has realizado te desalinearán completamente de un buen rumbo, desequilibrándote en tus relaciones personales, en tu salud física y mental, en tu bienestar. Y la gota que colmará ese vaso se dará por la razón global de

entender que vivimos en un mundo interrelacionado, donde en los negocios se perdona todo menos la falta de ética.

Mientras sigas ganando dinero, las personas que te rodean te aplaudirán sin ser demasiado críticos o reflexivos sobre tus actos; sin embargo, en los periodos que necesites ayuda, nadie confiará de nuevo en ti y perderás cualquier oportunidad de realzar el vuelo.

Mi abuelo siempre me decía: «Hagas lo que hagas, acabarás en el mismo sitio que todos los demás». La vida se nutre de experiencias que el dinero te puede brindar. Si para obtener dinero tus acciones son negativas, tu vida se convertirá en un infierno y, por más que quieras comprar vivencias positivas, las negativas de esa parte oscura inundarán cada paso que des en un camino vacío, sin honor y sin orgullo. El inicio del fin de tus inversiones o tu crecimiento económico llegará de la mano de la rotura de los valores éticos y morales que hacen que tus conocimientos sean valiosos, que tu compañía sea agradecida y que tu vida sea inolvidable.

Seguro que recuerdas algún que otro empresario o antiguo inversor con escasa vergüenza que se contoneaba con aires del tío Gilito en un intento de imitación del personaje dickensiano de Mr. Scrooge, que no dejaba títere con cabeza a su paso. Desgraciadamente, esos inversores, promotores, constructores etc. nunca recibieron, como nuestro personaje, la visita de esos fantasmas que, en un intento de mejorar sus vidas, les mostraban el daño que producían o estaban por producir, dejando un reguero de víctimas desconsoladas por su temible ambición. A pesar de no recibir tan extraña visita, sí los visitaron los fantasmas de

Hacienda, el juez de lo penal o el Tribunal Supremo, quitándoles hasta el último céntimo o despojándolos de su amada libertad, de su honor y de toda oportunidad de resurgir de las cenizas.

Creo que lo que intento trasladarte es suficientemente claro: se puede y se debe poder obtener ingresos sin malversar o robar, manteniendo nuestra ética y moral intactas. Solo es cuestión de equilibrio y de tener siempre enfocada la máxima de que mientras más entregas, más recibes.

Mantén el equilibrio y busca no desalinearte de los valores que te van a inundar de alegría como persona y que harán que el resto del mundo recuerde tu legado. Al final, en los últimos minutos no vas a recordar todo el dinero que hiciste, recordarás todas las vivencias positivas que provocaste para ti y para todos los que te rodeaban. «Tu

valor como persona es proporcional al valor que eres capaz de generar en todas aquellas personas que te rodean».

Recuerda la importancia de este apartado y tatúatelo sin perder jamás la fe en la verdad oculta detrás de ser buena persona por encima de todo. En algún momento te deberás esforzar para no romper con tu promesa y mil veces te pondrán a prueba; incluso, en algún momento te equivocarás dejándote llevar por la ambición desmedida, el ego, el odio o la avaricia. Aun así, sé consciente cuanto antes de que ese no es tu camino y vuelve de nuevo a la senda del honor, que nada ni nadie te desalinee. Ahhh, y te aviso: Si no vuelves al redil, la vida suele tener preparado un plan de alto impacto con un humor que diría que puede ser incluso sádico, empujándote de un solo golpe a darte cuenta de lo perdido que estabas, avisándote de que, o vuelves al agradecimiento, a la fe y a los buenos actos, o todo aquello que amas puede desaparecer. Así que... tú mismo.

Para finalizar, recuerda estas palabras de Buda: «Así como una vela no puede arder sin fuego, los hombres no pueden vivir sin espiritualidad».

Capítulo 4: ¿COMPRAR PARA VENDER?

Los mercados están constantemente en un estado de incertidumbre y cambio, y el dinero se gana descontando lo obvio y apostando por lo inesperado.

George Soros

Seguro que lo primero que se te viene en la cabeza cuando escuchas «inversión inmobiliaria» es comprar barato para vender caro. También es posible que tengas anclada alguna idea de que para comprar siempre es necesario tener dinero o hipotecarse, que es lo que los inversores llamamos «apalancarse».

Bien, en este capítulo vamos a poner en duda algunos de estos anclajes y necesito que abras tu mente y empieces a comprender y entender el capítulo anterior. Lo que te hace buen inversor no es el dinero del que dispongas sino la formación y el buen uso que haces de ella.

Libre mercado

Trabaja uno toda la vida para comprar una casa y cuando, por fin, la casa ya es de uno... no hay quien viva en ella.

Arthur Miller

Los comienzos como inversor se suelen dar adentrándose en el libre mercado; es decir, aquel en donde cualquier persona tiene acceso a las ofertas del parque de vivienda y donde el precio de las viviendas se rige por la ley entre oferta y demandas y no existen límites, máximos o mínimos para adquirir activos. Es ahí donde podrás localizar oportunidades o más bien generarlas.

No podemos confundirnos con mercados que tienen limitaciones, como por ejemplo, las subastas judiciales donde, aunque el precio se marcará entre ofertantes y demandantes, existen límites impuestos por la ley de enjuiciamiento civil que nos impiden comprar a cualquier valor (en el capítulo 5 lo entenderás mejor).

Conocer las distintas opciones de búsqueda dentro de la micro zona elegida es un paso fundamental para que te adentres en el mercado libre.

Precio justo

¿Cuál es el precio adecuado para invertir en este inmueble?

Como habrás notado, no he hablado de «precio adecuado para comprar» sino de «precio adecuado para invertir», que puede parecer igual, pero en profundidad conlleva una connotación casi imperceptible pero esencial para ampliar las opciones de tener rentabilidades altas en los proyectos en los que nos involucremos.

Para llegar a un justiprecio inversor previamente debemos identificar las distintas alternativas que el propietario actual de la oferta puede plantearse para crear un negocio *win to win*. Al terminar todos los capítulos, entenderás bastante mejor este aspecto; sin embargo, te dejo un caso práctico real en este capítulo para que podamos proseguir.

Las formas de valoración van a depender mucho del objetivo y rentabilidad que queramos sacarle a dicho inmueble; sin embargo, como ahora nos estamos fijando en el precio justo fijado a la compra y venta de inmuebles, podemos hablar del «método comparativo». Este método es muy sencillo de entender y es el más usado por las agencias, tasadores y otros profesionales del sector.

En esta fórmula de evaluación se suele usar el metro cuadrado construido del inmueble para valorarlo en comparación con viviendas de similares características en la zona en la que se encuentra ubicado. Aquí ya nace el primer conflicto: las comparativas son odiosas y suelen realizarse con ofertas de inmuebles en portales inmobiliarios, cuyo precio final de venta acordado de forma privada entre los actores de la compraventa desconocemos por completo. Y, como he indicado al principio, los mercados fluctúan, aunque lentamente, también los datos recibidos se plasman con idéntica lentitud o, como ahora se suele decir, *«data delayed»*.

En un ciclo alcista, probablemente en un corto plazo esa comparativa llegue asemejarse a lo que estamos visualizando; sin embargo, en un momento decreciente nos encontraremos con que las viviendas que estamos viendo ofertadas en portales terminan vendiéndose en un porcentaje mucho menor al precio de salida emocional al que los vendedores suelen ofertar sus inmuebles.

Gracias a los macrodatos, microdatos y al acceso a más información de las instituciones públicas podemos conseguir datos muy aproximados por zonas determinadas de los precios reales a los cuales los inmuebles se han terminado vendiendo. Aun así, a la fecha de esta edición, no tenemos un valorador lo suficientemente fiable, pero espero que en próximas ediciones podamos integrar algunos ejemplos útiles.

Dentro de este modelo de evaluación efectivo y económico está contemplado el uso de uno de nuestros aliados:

los agentes inmobiliarios. Ellos tienen un contacto continuo con el mercado y conocen a la perfección y en

tiempo real las fluctuaciones. Si logramos que varios agentes se integren en nuestro grupo de aliados, lograremos llegar a las mejores oportunidades y nos evitaremos riesgos innecesarios en las evaluaciones.

Antes de seguir con los modelos de evaluaciones, quiero esclarecer unas dudas que suelen surgir al hablar de agencias:

¿Puedo confiar en las agencias? El sector inmobiliario español ha sido vapuleado durante décadas por una falta de unión del sector en pos del consumidor y la profesión. Esto ha propiciado que muchas personas con auténtica falta de ética y/o conocimientos realicen a sus anchas verdaderas sangrías y desprestigien así al resto de profesionales. Sin embargo, en los últimos tiempos, es cada vez más complicado toparse con estos profesionales sin vergüenza, ya que el acceso a la información del consumidor y la profesionalización e innovación en el sector han hecho que los inmobiliarios den un salto evolutivo brutal y se posicionen como auténticos expertos en asesoramiento, entrega de servicios y gestión de negocios. Como en cualquier profesión los podrás encontrar mejores o peores, pero ten en cuenta que cuando encuentres un nuevo aliado que tenga una buena preparación y motivación, ambos podréis realizar grandes inversiones conjuntas o colaborativas.

¿Las agencias no se quedan las mejores oportunidades para ellos? Extrañamente no todos asumen ese rol. El agente tiene claro que su negocio es la entrega de servicios y sus objetivos anuales se suelen formar por $X = Y$, donde X son ventas de servicios y Y es el facturado anual. Su enfoque es claro y no suele invertir sus recursos en otra cosa, por lo que cuando un inversor le propone un negocio rentable no suele dudar en realizarlo para evitar desenfocarse y poder llegar a su objetivo de facturación empresarial.

¿Sabrá la agencia o el agente qué es un *flipping*, *rent to rent* o cesión del compromiso? Pues aquí tengo que decirte que no todos lo conocen y algunos tardan en entenderlo, por lo que te aconsejo que realices un buen *dossier* con tu nueva imagen de inversor explicando los pros de que las agencias colaboren en tus inversiones.

Por ejemplo:

1. Cobras en contrato privado: las agencias suelen facturar a éxito en notaría después de un largo recorrido. Si les aseguras un pronto pago le brindas la posibilidad de realizar más y mejores negocios en un breve periodo de tiempo.

2. Posibilidad de colaborar en la reventa: si has estudiado bien los márgenes podrás delegar la venta en la misma agencia que con el uso de renders podrá localizarte comprador mucho antes de terminar la reforma

3. Recurrencia en las compras: un cliente particular de residencial no suele recurrir en corto plazo a los servicios del mismo agente. Con un inversor como cliente fidelizado puede entregar dichos servicios varias veces a un mismo cliente en un periodo corto de tiempo.

Después de este inciso sobre los agentes, te invito a que sigamos valorando:

Método de capitalización

El inmueble tiene un valor igual a la producción de ingresos que pueda generar. Si nuestra intención es capitalizar una vivienda en veinte años con unas ganancias de un 10 % bruto anual de rentabilidad nuestra fórmula de evaluación debe basarse en la producción que seamos capaces de lograr con el inmueble.

Si de lo que estamos hablando es de rentabilidad por arrendamiento del activo, debemos evaluar los ingresos, dividir entre el total de la inversión y siempre que nos dé un 10 %, que es nuestra rentabilidad esperada, podremos pagarlo.

MÉTODO LEAN INVERSIÓN INMOBILIARIA

Ejemplo real:

Hay una vivienda de tres dormitorios en 100 000 € con gastos de compra incluidos. La propiedad solo recibe ofertas por valor de 75 000 € con gastos incluidos debido a que su público es predominantemente residencial de clase media-baja con bajos ingresos en un barrio popular.

¿Por qué como inversor en búsqueda de capitalización pude mejorar la oferta?

Con una reforma de 12 000 € pude mejorar el inmueble construyendo cinco habitaciones simples y alquilarlas en 280 € mensuales cada una. El alquiler contabilizando posibles rotaciones me genera 10 000 € anuales. Hicimos una oferta en 88 000 €, incluyendo gastos de compraventa y explicando los pormenores de la inversión y sus costes, y cerramos un acuerdo justo para ambos.

Ingresos netos anuales 10 000 €

Costes de la operación 100 000 €

x 100

10 % anual BAII (beneficios antes de impuestos)

Este método te da un punto de partida de las negociaciones, pero sigue basándose en datos que necesitan de gran contrastación para no llevarnos a error al igual que el método residual de valoración, donde le damos la vuelta a la ecuación para conocer el sobrante que va destinado al vendedor. Asimismo, este método se usa frecuentemente en los estudios de viabilidad de las promotoras de obra nueva con el fin de evaluar el coste del suelo.

Ejemplo:

Si tengo 1000 m de techo construible y el metro cuadrado de techo construido a la venta actual tiene un precio de 3000 €. Si el coste total de la construcción, licencias y gastos financieros me suponen 1300 € por cada metro construido y busco un beneficio total de un 30 % de EBITDA sobre la promoción, ¿cuánto puedo pagar por el suelo?

La respuesta es 1 310 000 €.

En este ejemplo básico no se está considerando un factor esencial en los estudios de viabilidad de promoción de obra nueva: el tiempo. La paciencia de un promotor en los trámites burocráticos debe ser infinita y un proyecto puede demorarse años acabando con su TIR (tasa interna de retorno).

Por todo ello, si el dueño del suelo quisiese 1 500 000 € tengo dos alternativas: o me arriesgo a perder rentabilidad o elevo el precio sin subir los costes constructivos. De nuevo, como puedes observar, la fórmula es sencilla, pero se mantiene la especulación e incertidumbre en sus coeficientes.

Método Lean Inmobiliario

Ahora llega la más sencilla, segura y económica de todas las herramientas: el estudio de mercado con lanzamiento de la oferta, como yo lo he denominado, y que es el título de este libro.

Seguramente hayas escuchado hablar del modelo de producto mínimo viable con *mockups*[8], muy estudiado en esta última década por negocios *startups*, donde con un mínimo coste se lanza la oferta para evaluar el interés de la demanda sobre determinado servicio o producto.

Como reconocido adicto a las inversiones y fan de los más innovadores, estas terminologías y conceptos están frecuentemente en mi vida y, aplicarlo cada día a los sectores más tradicionales avanzando hacia la digitalización e innovación de los mismos, me parece de una belleza extraordinaria, casi poética. Permíteme algún sentimentalismo, ¿vale?

¿Qué te parece si antes de invertir ya lo tenemos vendido o alquilado?

En nuestro negocio existen distintas formas de evaluar esa demanda futura interesada en nuestros proyectos. El uso de *renders*[9] simulando la futura realidad nos ayudará a un bajo coste a realizar unas publicaciones en portales, programática[10] o redes sociales que nos ayuden a identificar el interés que suscitará nuestro proyecto.

Una vez vayas progresando y adquiriendo conocimientos digitales, también te aconsejo usar *funnels*[11] de *chatbots* para evitar tener que cualificar la motivación o capacidad de compra de cada interesado en tus proyectos, así como sistemas 3D o vídeos que permitan al comprador evaluar la propiedad sin tener que visitarla.

No se trata de realizar cien visitas para vender un inmueble sino reducir al máximo este factor propiciando que, de cada diez visitas, una se convierta en venta. No existe mejor estudio que el que se centra en el consumidor, donde damos el mando de nuestros productos al cliente final y creamos, de esta forma, activos e inversiones a medida y sin riesgo alguno. Brutal, ¿verdad?

¿Qué riesgo puede existir en una inversión que ya tiene su demanda o consumidor final interesado, cualificado y/o evaluado? Pues si no es cero, te aseguro que está tremendamente cerca.

En un momento donde todos tus potenciales consumidores están a un clic de poder interactuar con ellos, conocerlos, valorarlos y, sobre todo, escucharlos, este método solo puede haber nacido para consagrarse como la única y más favorable opción de crear activos a medidas con riesgos cero para el inversor. En definitiva, lo que estamos haciendo es provocar con marketing al comprador para que nos asegure que nuestra apuesta esta asegurada.

Te pongo un ejemplo donde realizamos una opción de compra con entrega de prima de 10.000 euros por un inmueble en 160.000 euros y que se vendió en apenas cuatro meses después en 197.000 euros.

Cuando realizamos el Método Lean publicando en portales inmobiliarios con imágenes de un inmueble similar al que estábamos a punto de opcionar, recibimos en tan solo 4 días más de 57 llamadas de interesados.

Obviamente eso nos dio validez suficiente a nuestra inversión y los resultados hablaron por si solos.

37.000 euros de beneficios brutos en apenas unos meses.

El uso de cualquiera de los métodos explicados estará directamente ligado a la situación en la que te encuentres, a tu objetivo y el tiempo del que dispongas para tomar una decisión.

El negociador

Toda negociación comienza con un NO.

Por lo tanto, comienza siempre pidiendo más de lo que quieres y ofreciendo menos de lo que puedes ofrecer.

Donald Trump

Qué mejor que comenzar este apartado con quien ya ha demostrado sobradamente sus capacidades de negociación como el expresidente americano y magnate inmobiliario Donald Trump.

En 1997, Donald Trump y el periodista Tony Schwartz escribieron uno de los decálogos más completos sobre las habilidades, conceptos y estrategias de un buen negociador. Trump siempre ha remarcado que de nada sirve conocer o estudiar los modelos de negocios más rentables sin antes haberte convertido en un gran negociador. Si echamos un vistazo a su biografía, identificaremos cómo el expresidente se ha valido de sus dotes comerciales y sus capacidades negociadoras para evitar bancarrotas, crear un patrimonio de más de 2,4 mil millones de dólares y llegar a presidir los EE. UU.

Puede que seas un detractor de las políticas de Trump; no obstante, no es la cuestión en la que quiero que te centres, sino que cojas solo la parte que sí puede ayudarte en tu vida gracias a sus dotes empresariales. Trump no ha inventado ni emprendido negocios mega innovadores ni tampoco ha desarrollado empresas tecnológicas o inventos revolucionarios.

Su extrema confianza lo llevó hasta un punto megalómano en el que vendía su marca inventando éxitos a pesar de que en sus inicios sus deudas superaban con creces sus ingresos. Fueron sus capacidades negociadoras y su *branding* personal lo que lo llevaron a convencer a inversores y fondos en invertir en una Nueva York destruida para posteriormente ser uno de los grandes promotores de la ciudad.

Tal es su potencial que pudo convencer a 73 millones de estadounidenses a que lo votaran en las elecciones de 2016.

Por ello, si te voy a mostrar las reglas del juego del sector, antes tenemos que afianzar tus dotes negociadoras para que puedas exprimir cada consejo al máximo y así puedas reflexionar sobre la enseñanza de estas líneas: «No es la idea, ni el modelo de negocio, es el talento que está detrás y que puede convencer al mundo de su valor».

Voy a mencionarte cinco conceptos que existen en toda negociación: «tanteo, no, MAPAN, propuesta de valor y cierre». Para que exista una negociación, dos personas deben tener intereses similares, pero también matices donde ceder y otros donde persuadir. Eso sí, cuando digo persuadir no me refiero a manipular.

Durante una década me dediqué a estudiar la PNL (programación neurolingüística), una técnica de comunicación pseudocientífica que aprovecho encarecidamente a aconsejarte, como forma eficiente de desarrollo personal y de comunicación intrapersonal para conseguir mis propósitos. En este tiempo he visto con desagrado cómo muchos supuestos expertos terminan usando esta magnífica herramienta para manipular mentes nobles para interés propio, sin ética ni moral, lo cual podrás identificar y comprobar en las redes sociales, cientos de vídeos o eventos, donde personas sin experiencia o cualificación contrastada venden cursos o consejos manipulando con mensajes que provocan excitación, motivación y ambición, a la caza de víctimas que naveguen por periodos en los que sus mentes busquen respuestas fáciles a preguntas difíciles.

Utilizan los conocimientos adquiridos para beneficiarse sin escrúpulos. Tal es así que terminan siendo parte de una tribu de borregos felices por su nivel de pertenencia, pero que a la larga comprueban con incredulidad que han sido víctimas del engaño. A eso lo llamo «manipulación». Solo gana una de las partes mientras la otra sale perjudicada sin ni siquiera saber cómo, en algún momento, pudo tomar esa decisión.

Por otro lado, está la persuasión. La diferencia radica en los valores del que persuade. Siguiendo el escenario anterior, el consumidor se siente atraído por el mensaje de la otra persona con la que siente que tiene afinidades o vínculos, y descubre satisfactoriamente que sus éxitos son comprobables, que además todo aquello que promete lo cumple y genera un beneficio justo para ambas partes, siendo sus valores un punto de unión. De esta forma, todas las partes salen favorecidas del acuerdo.

En resumen, «manipular» es convencer de que hagas lo que necesito a sabiendas de que es totalmente contraproducente para ti y «persuadir» es inducir a que reflexiones para que lleguemos a un acuerdo beneficioso para ambos.

Situando por encima de todo tus valores, puedes empezar con la tarea de persuadir a tus interlocutores y que tu camino como inversor se rija por una moral indestructible.

A diferencia de la manipulación, persuadir es un arte y la palabra ya de por sí tiene connotaciones que generan atracción.

1. Tanteo: nuestro tiempo es limitado y no es viable realizar diez buenas negociaciones diarias. Por ello, lo ideal es acostumbrarte a realizar un tanteo y una cualificación previa de las oportunidades, de manera que puedas enfocarte en aquellos vendedores que realmente tengan un interés en llegar a un acuerdo. Bien por *e-mail* o por vía telefónica, puedes realizar algunas preguntas que te indiquen el interés del vendedor en llegar a un acuerdo. Todo buen negociador debe asumir que la parte principal del proceso es la de «escuchar». Cuanta más información nos entregue la contraparte, más posibilidades tendrás de hallar alternativas para que el acuerdo te sea productivo.

Preguntas como: «¿Cuánto tiempo lleva vendiendo? ¿Por qué vende? ¿Cuál sería el mejor precio que aceptaría?» o realizarle una oferta por debajo del precio, nos brindará información valiosa para evitar seguir negociando con quienes no tengan ningún interés en llegar a un acuerdo razonable. Asimismo, preguntas sobre las cargas que pueda tener el inmueble, como hipotecas, inquilinos, ocupantes, embargos u otras deudas, te pueden ayudar a identificar posibles alternativas de negocio.

Recuerda que hasta el final del libro no conocerás todas las opciones disponibles que se esconden detrás de una persona que quiere vender o alquilar su inmueble, por lo que de momento deberás centrarte solo y exclusivamente en realizar escucha activa y tanteo de todos aquellos interesados. Cuando termines de entender todos los conceptos y tácticas, estarás preparado para dar alternativas y propuestas de valor a cada uno de ellos.

Al comienzo hablábamos de la dificultad de encontrar personas con un interés real y de la facilidad que existe, una vez encontradas, en llegar a un acuerdo, pero ¿qué pasa con el resto de las personas que tienen un interés en venta y nadie les ha propuesto algo de valor? Como ya sabes, mi intención es que al final encuentres las oportunidades distintas para cada persona con la que te pongas a negociar. A esto lo llamo, en tono de humor, «tener cintura salsera», que significa que debes acomodarte a cada situación y crear soluciones productivas a la negociación mediante propuestas de valor irrechazables a tu interlocutor.

Necesitas ejercitar una visión más profunda de 360°, que te ayude a ver soluciones desde otras perspectivas para convertir una aparente negociación infructuosa en una ocasión real.

2. No: Maldito no. ¿Conoces alguna palabra más toxica? El cerebro no la afronta demasiado bien e inclusive mal usada puede ser una gran enemiga para tu incansable búsqueda de avanzar. Por ejemplo, cuando alguien nos pregunta si estamos capacitados para llevar a cabo una acción y en ese momento no entendemos o sabemos cómo realizarla, nuestra respuesta inmediata es decir «no, no sé o no puedo». El «no» seguido del verbo saber o poder incluye una decisión clara de negar rotundamente cualquier opción a que en algún momento puedas realizarlo o entenderlo.

Mi esposa y yo somos contundentes con nuestros hijos cuando responden «no sé o no puedo», rectificando automáticamente con la respuesta correcta que no es otra que dar una opción al cerebro a revelar alternativas futuras, a que la negativa se convierta en una opción positiva. Simplemente añadiéndole el adverbio «aún» delante, damos opciones a que nuestro cerebro encuentre soluciones de aprendizaje para que el «no» imperativo se convierta en un «sí» futuro.

Si crees que no sabes o no puedes hacer algo, responde siempre «aún no»; de lo contrario, estarás negando tus opciones y devaluando tus capacidades. Creo que ya con esta reflexión es más perceptible la profundidad de la palabra «no» y así, en vez de identificarla como una palabra tóxica, puedas darle la vuelta la tortilla y empezar a verla como una palabra que te puede producir nuevos conocimientos y experiencias.

El «no» existe para ponerte a prueba y no existe ninguna negociación donde no haya un «no» por respuesta. Es obvio. Si te dicen que sí a tu propuesta, no hay negociación alguna y quiere decir que has salido victorioso sin negociar, sin esfuerzo y sin poner a prueba tu valía como negociador. Con esto no te quiero decir que le des la espalda a un buen «sí» buscando la confrontación para hacerte valedor de ese mismo «sí» que ha llegado de forma fácil a ti. Solo quiero que valores mejor aquellas situaciones en las que un «no» sale a relucir. Igualmente, solo el 1 % de tus propuestas de tanteo tendrán un sí de entrada como respuesta, por lo que es razonable instruirse para el 99 % restante.

Cuanto mejor preparado estés para convertir un «no» en un «sí» o en un «aún no», más opciones y oportunidades de negocio hallarás y más crecerán tus aptitudes frente a los desafíos. Pero, por favor, no globalices. Algunos de mis mentorizados usan la globalización fácil y mediocre para huir de la negociación y no enfrentarse a futuros fracasos con frases como: «Todo el mundo me dice que no», «Es difícil porque todos piden mucho más de lo que vale su vivienda», «No encuentro ninguna oportunidad», etc., que solo anulan tus capacidades y te conducen a abandonar la búsqueda del éxito.

Para mí, aunque haya una posibilidad entre un millón de que aparezca el tan ansiado «sí» ya es más que suficiente para que arriesgue mi tiempo y mi dinero en la búsqueda de esa oportunidad, entendiendo que, si no llego al millón, difícilmente encuentre esa oportunidad, así que solo será un fracaso si me rindo antes de alcanzar el resultado que espero y que, aun así, si no lo he conseguido, ya habré hecho mucho más que aquellos que jamás lo intentaron. Habré ganado más experiencia, más autoestima, más valor y más conocimientos que me acercarán a mi propósito.

En definitiva, el simple hecho de afrontar la negociación sin tener en cuenta el resultado ya me ha brindado la experiencia vital que ansiaba.

Pierde el temor instantáneo a un «no». Detrás de un «no» existen nuevas alternativas de llegar a un mismo objetivo. Detrás de un «no» hay un mensaje subliminal que te podrá ir descifrando el código oculto de tu interlocutor hasta conocerlo mejor y crear una relación de confianza para realizar una propuesta de valor impactante que os ayude a ambos.

Las claves estratégicas para persuadir tras una negativa que mejor efecto me ha dado son las de «justicia, ayuda, silencio, pelota en su tejado y preguntas abiertas».

Imagino que te sonaran raras, ¿no? Seguramente «preguntas abiertas» te suene más. Bien, se trata de esas preguntas que nuestro interlocutor se siente obligado a respondernos ampliándonos información o encontrando soluciones; suelen comenzar por un «cómo» o «por qué».

A estas preguntas las suelo proseguir con un silencio incómodo y firme que impida que se eluda la obligación de respuesta por parte de la otra persona y siempre enviando la responsabilidad del cierre del acuerdo a la otra parte (es decir, la pelota en su tejado). A mayor responsabilidad, mayor peso en sus espaldas y más interés en querer encontrar solución al compromiso de la negociación.

A esto le sumamos dos conceptos: la solidaridad (ayuda) y la empatía (justicia). Un ejemplo de frase que suma todos los factores sería: ¿Cómo me podrías ayudar a que cerráramos un acuerdo justo? De esta forma, estamos evadiendo la responsabilidad de decisión y obligando a la otra parte a tomar acción para ayudarnos o desvelarnos poco a poco su MAPAN (mejor alternativa a un acuerdo negociado).

En una negociación hay tantas MAPAN como partes en la negociación. Cada parte tiene visualizado un escenario idóneo y la otra parte debe desvelarlo, así como los motivos que han llevado a esa parte a crear tal escenario y no otro. Entre esos escenarios diferentes de las partes se llegará a un acuerdo intermedio y tu labor como negociador es que se acerque más a tu MAPAN que al de el/ellos. Esa zona intermedia se conoce como ZOPA (zona de posible acuerdo) y aquí es donde se disputará la partida, siendo el vencedor aquel sea más persuasivo.

Un buen negociador que haya leído entre líneas deberá ser versátil e impactar con nuevas alternativas a su interlocutor con el fin de que rompa su MAPAN y cree uno diferente que satisfaga sus necesidades y que ponga en valor su propuesta.

Ejemplo real:

Vendedor

Objetivo: Venta Rápida: 120 000 €

Yo

Objetivo: Reserva en 90 000 € con cesión

Tras una reunión de aproximadamente una hora, el vendedor se negaba a aceptar la oferta debido a que su deuda era mayor a mi oferta. Por vergüenza no quería informarme que debía más de 18 meses de hipoteca, pero una vez hechas las preguntas correctas y demostrando empatía, el vendedor reveló su MAPAN (prefería no ganar pero quería salir sin deudas).

Ahí le insté a crear un nuevo MAPAN donde me permitiese realizar negociaciones directas con su banco y renegociar su deuda siempre que él saliese sin ningún pago posterior. Calculamos los impuestos y deudas en caso de venta y pude comprar por 83 500 € cancelación e impuestos incluidos y entregarle 2500 € al vendedor para sufragar su nuevo alquiler. Después de reforma y pago de mis impuestos, pude venderlo con unas ganancias de 27 000€.

Y justamente eso que acabo de explicarte es una «propuesta de valor». Cuando tienes todos los conocimientos de las alternativas existentes en materia de inversión en viviendas y además cuentas con la información del vendedor, gracias a las técnicas de negociación que acabamos de ver, en un porcentaje altísimo lograrás crearle a cada oportunidad que encuentres una alternativa aceptable y en muchos casos sorprendente para ellos, ya que jamás se les habría ocurrido si no te hubiesen conocido.

Por eso insisto mucho a mis mentorizados de inversiones en que no se frustren con la idea errónea de que el valor en las inversiones es el dinero y que se centren en invertir sus primeros recursos y su valor más importante: el tiempo. En formarse convenientemente, ya que como has visto en muchas ocasiones, personas con grandes recursos económicos pero escasa formación en inversiones, terminan perdiendo todo su capital, por lo que en la balanza de conocimientos o dinero siempre ganan los conocimientos, ya que sin ellos el dinero no se crea y termina esfumándose.

Y al fin llegamos al «cierre», ya que no hay un segundo que perder. Jamás me cansaré de decir que los cierres de una negociación no son momentos en las que las estrellas se alinean a nuestro favor, sino iniciativas de conclusión a todo lo hablado.

Para cerrar podemos usar preguntas cerradas y recordatorios de propuestas.

Ejemplo:

Entonces, si no estoy equivocado, si por mi parte negocio con el banco y saldo toda tu deuda, no tienes inconveniente en que lo compré al precio que negocié con la entidad mientras tú no tengas que pagar nada y puedas quedarte 2500 € para el alquiler. ¿Es correcto?

Así cerramos opciones, estrechamos la mano y nos disponemos a firmarlo. Un buen inversor siempre debe llevar documentos a mano que le permitan cerrar acuerdos de este tipo para evitarse que después de realizar una propuesta de valor la otra parte comience nueva búsqueda de interesados al haber cambiado su MAPAN.

Un buen pase

Nunca temas pedir demasiado cuando vendas,

ni ofrecer muy poco cuando compres.

Warren Buffett

Como has ido viendo en este capítulo, la pericia es fundamental y crear un MAPAN adecuado lo es aún más.

¿Y cuál sería tu mejor alternativa si no tienes mucho dinero para emprender? Pues aquí es donde está la clave de un buen inversor: sacar oro de donde sea. Una de las opciones que más se usan para generar ingresos es la del *Flipping House* o *Buy & Flip*. En resumidas cuentas, no es otra cosa más que «comprar, reformar, agregar valor y vender».

Reformar un inmueble o ponerlo en escena para venderlo a un precio mayor tiene sus secretos, pero lo esencial yace en el buen gusto y en las capacidades que tengas como promotor del proyecto para visualizar el inmueble restaurado y entregarle al nuevo comprador lo que demanda.

Existen diferentes motivos por los que los consumidores estamos dispuestos a pagar más por una llave en mano que por un inmueble con necesidades de reforma, amueblamiento y decoración.

El primer motivo es la «financiación actual». Comprarse una vivienda con financiación conlleva la necesidad de tener ahorrados entre un 20 y 40 % del valor total de la propiedad, ardua tarea para los jóvenes bolsillos actuales. Si a esto le sumamos los gastos de la reforma, muebles, electrodomésticos y enseres, lo arduo se vuelve imposible.

Una llave en mano todo incluido hace que el valor de la vivienda sea mayor, pero será la entidad bancaria la que financie esa subida de precio en el porcentaje negociado con la misma, haciendo que esos muebles, reformas, electrodomésticos y enseres se abonen en cuotas cómodas.

El segundo motivo es la «tendencia del consumismo actual a quererlo todo fácil, rápido y sin pérdidas de tiempo». Queremos disfrutar sin grandes sacrificios y compromisos.

El tercero lo encontramos en la «inexperiencia de los consumidores en áreas como las reformas, decoración y diseño de interiores», prefiriendo productos acabados que se asemejen a sus gustos o que en caso de personalización posterior no sean un reto frustrante.

Como ves, el flipping es una opción muy interesante. Ahora bien, el problema no se esfuma. Debes tener el dinero para comprar el activo, el mobiliario y la reforma. ¿Cómo le damos solución?

Podemos arrancar con los *flippings* con un contrato de opción de compra con cesión del compromiso. Llegamos a un acuerdo de compra con o sin dinero de entrada, estipulando un precio de compra y un plazo para elevar a público y abonar el restante. En ese tiempo deberemos encontrar un interesado dispuesto a abonarnos lo que solicitamos y así generarnos ganancias muy atractivas.

Este tipo de acuerdos conllevan que no tengamos que abonar los impuestos de transmisiones, los cuales en algunos casos llegan hasta el 10 % del valor del inmueble.

En caso de querer seguir lo que dictamina la fiscalidad actual, el impuesto se debe abonar sobre el importe de la prima (dinero de entrada). En los contratos de opción de compra la imaginación en el acuerdo es el límite. Mientras no se acuerde algo ilegal, el resto es posible.

¿Sin entrada me aceptarán una reserva?

En este caso, dependerá del MAPAN de la otra parte, pero, por ejemplo, los agentes inmobiliarios llevamos décadas haciéndolo mediante el «contrato de exclusiva», en el que el vendedor nos cede la venta de su vivienda a precio cerrado para él y nosotros ponemos en valor su inmueble localizando un comprador y ganando gracias a la intermediación.

Por mi parte, he realizado contratos de reservas sin prima con vendedores que me han cedido sus inmuebles con necesidad de reforma y en los que mi compromiso era el de poner la mano de obra y materiales para darle mayor valor y encontrarle comprador.

En cuanto a la prima, esta no tiene por qué ser sustanciosa y con apenas 2000 € localizaremos interesados en colaborar con nosotros en esta fórmula de negocio.

Te regalo las dos cláusulas que son la piedra angular de todo contrato con cesión, recuerda incorporarlas en los contratos:

-La parte compradora interviene en su propio nombre y derecho o en el de aquellas personas físicas o jurídicas que crea conveniente.

-**Transmisibilidad de la opción**: los concedentes de la opción consienten expresamente en que la optante pueda transmitir de manera voluntaria, total o parcialmente, por cualquier título oneroso o gratuito, su derecho a favor de terceras personas físicas o jurídicas. La transmisión voluntaria de su derecho por la optante no comportará el pago a los concedentes de contraprestación o indemnización de ningún género o clase.

Recuerda: el objetivo es encontrar un comprador dispuesto a pagarnos más por el inmueble que tenemos reservado con el contrato de opción de compra.

Ahora bien, ¿cuáles son los puntos determinantes para tener en cuenta a la hora de cerrar un *flipping*?

1. **Plazo**: determina un tiempo suficiente para realizar las mejoras, promocionar y vender tu derecho de compra. No te pilles los dedos o te verás obligado a tener que comprar el activo, con lo cual disminuirán tus ingresos de venta.

2. **Endeudamiento**: en el caso de que optes por la compra, es importante controlar los gastos financieros y evaluarlos para que no terminen por consumir los ingresos.

3. Coste de mejoras: la reforma, mobiliarios, puesta en escena, fotografías, *homestaging* y todos los gastos que te suponga potenciar las cualidades de la propiedad tienen que estar rigurosamente contabilizadas.

4. Contingencias: siempre se nos puede escapar algún detalle por más experimentados que seamos en estas operaciones. Bien una carga inesperada, una subida en los costes de mejoras o simplemente algo que no tuvimos en cuenta en nuestra evaluación. Por ende, mantener un margen de contingencias nos ahorrará sustos.

5. Prima: a menos cantidad menor riesgo. Dicha suma puede especificarse como arras penitenciales que conformará los perjuicios en caso de incumplimiento contractual. Esto lo veremos más adelante en profundidad.

Lo bueno de las cesiones es que su estudio de viabilidad es bastante sencillo en comparación con otras alternativas de inversión. Con las referencias indicadas, crearemos tres escenarios posibles: «optimista», «neutro» y «pesimista».

6. Gastos: desgraciadamente cada comunidad autónoma tiene sus impuestos de transmisiones estipulados y rondan entre un 2 y 10 % del valor del inmueble. También hay que contabilizar los gastos de notario, registro y, en casos de hipotecas, los costes de tasación, seguros, comisiones de apertura y gastos de apertura de hipoteca.

7. Obligaciones: aquí detallaremos los compromisos a los que ambas partes os sometéis entendiendo que deben ser equilibrados y posibles.

8. Posesión: debes puntualizar cuándo tomarás posesión de la propiedad. Se cree que esto siempre se realiza junto con el pago de la totalidad de lo acordado. Sin embargo, puedo asegurarte que no siempre es así y que puedes acordar que con la prima te entreguen la posesión temporal, lo cual te permitiría realizar las mejoras sin problemas.

9. Perjuicios: deberás acordar qué sucederá en caso de incumplimiento de una de las partes. Si las primas son entregadas en concepto de arras penitenciales (art. 1454 del CC) en caso de incumplimiento por la parte compradora se perderán todas las cantidades y, en caso de ser la parte vendedora la que incumpla, deberá devolver dobladas las cuantías entregadas.

En este apartado se pueden concretar tantos perjuicios como queramos; por ejemplo, una cantidad superior o equivalente al valor de las mejoras que estamos ejecutando.

Obviamente, el mejor escenario será tu primer MAPAN y partirá desde que, a menos endeudamiento, costes de mejoras, precio de compra, gastos de compra y prima y mayor precio de venta, mejor retorno.

En el peor escenario aún existen posibilidades de retorno atractivo, lo que nos impide tener mayor riesgo y, en el escenario optimista, logras la mejor inversión. Siempre que hayas seguido los consejos de valoración de precio justo del inmueble y hayas realizado una negociación efectiva, los riesgos los habrás minimizado por completo.

Dentro de cada escenario y sus referencias tendremos cientos de variables posibles que podemos ajustar a medida que nuestro vendedor nos abra su MAPAN, adecuándonos a cada negociación de forma personalizada, sin ser obtusos en nuestro punto de vista y adaptándonos con versatilidad a la negociación para sacar una rentabilidad adecuada.

¿Cómo se materializa un *flipping*?

Lo primero es el contrato de propuesta donde podemos realizar una primera oferta en firme por escrito y demostrar unas intenciones serias de llevar a cabo el negocio. En esta propuesta es donde tocamos los puntos a negociar que hemos comentado en el punto anterior y donde dejamos claro nuestro escenario optimista. Una vez consolidados los puntos entre las partes, nos dispondremos a realizar un contrato público o privado.

Público quiere decir inscribible en el registro de la propiedad, por lo cual hemos de pasar por notaría y realizar una «opción de compra», que es un documento inscribible en el cual te registran como optante a la compra del inmueble con una o unas entregas de primas, y donde se te concede el derecho de cesión o posesión por un plazo máximo de cuatro años (en España).

Este documento nos evita riesgos en caso de sobrevenir el fallecimiento del vendedor, una carga posterior a nuestra opción de compra o simplemente la negativa última del vendedor a realizar la venta o cesión, liberándote de esa responsabilidad.

Este contrato es «privado» cuando realizamos un documento similar al anterior entre las partes sin intervención del notario, llegando ambos a un acuerdo y pactando libremente las estipulaciones y obligaciones de las partes, siempre y cuando no vaya en contra de la ley.

El riesgo de este tipo de contrato reside en que, en caso de conflicto, fallecimiento o entrada de embargo y cargas, si bien por un proceso judicial se puede terminar forzando la venta o solicitando los daños y perjuicios creados, siempre dependeremos de los tediosos y costosos procesos judiciales, así como de la interpretación del magistrado que lleve la demanda.

Estos contratos privados podemos realizarlos con alternativas diferentes dependiendo del acuerdo que hayamos negociado. Puede ser desde una exclusiva de venta donde el vendedor se convierte en el cedente del inmueble y tú realizas las mejoras necesarias y venta en un plazo determinado, ganando una rentabilidad a un bajo coste; o podemos realizar una opción de compra entre optante (serías tú) y cedente (el vendedor) con entrega de prima (dinero a cuenta) a cambio de la posesión, fijando plazo, precio, obligaciones y penalizaciones de incumplimiento para ambas partes.

También existe la modalidad de un «contrato en cuenta de participación», donde es el vendedor, en colaboración contigo cede su inmueble, tú pones el coste de mejora, gestión y venta, y se estipula un reparto de beneficios equitativos entre las partes.

Lo bueno de este tipo de contratos es que tu vendedor forma parte de tu equipo. Asimismo, se pueden incluir en a otros aliados que puedan formar parte del proyecto como reformistas, arquitectos, agentes inmobiliarios etc. Que pongan su mano de obra, logística, gestión o materiales al proyecto a un coste cerrado y que se abona a éxito del proyecto que se incrementará posteriormente con su ROE obtenido.

Por lo que las alternativas son varias. Inclusive un mix de todas ellas puede ayudarte a crear grandes negocios.

Ahora te pongo un ejemplo de un buen *flipping*.

Vivienda en planta baja adaptada como local.

El vendedor de este inmueble lo tenía en un estado deplorable, ya que se dedicaba al comercio minorista de productos de limpieza y era la segunda generación que mantenía este comercio usando esta vivienda desde antaño como almacén.

Después de varias negociaciones, se llegó a un precio de venta de 35 000 € pagaderos con 5000 € de prima y el resto en seis meses, todo mediante contrato privado.

El coste de la reforma fue de 21 600 € impuestos y licencias incluidos. Antes de entregar la prima realicé unos renders y comercialicé el inmueble. Encontré un interesado dispuesto a abonar 87 000 € por el inmueble terminado, evaluando que no sería el único interesado disponible al recibir decenas de demandas interesadas.

El ROE a seis meses fue de 86 % aprox. y el ROI 34,94 % aprox. (BAI[12]). ROE y ROI anual de 172 % y 69,88 %, respectivamente.

Y, hablando de impuestos, ¿cómo tributa esto?

La duda por antonomasia de los inversores que se adentran en las cesiones es cómo tributa la cesión del compromiso fiscalmente. Esta preocupación no viene dada por la tributación fiscal que se debe realizar como inversor sino más bien la duda nace de la tributación que el vendedor o cedente del inmueble tendrá.

Realmente la duda viene siendo así: Si reservo en 100 000 € y después cedo la compra a otra persona que ofrece 150 000 € y que escritura en ese mismo valor, esos 50 000 € de incremento de precio aparecen en la venta como ganancias del vendedor que realmente ingresa 100 000 €.

Seguido de una contundente afirmación del alumno que, aun sin experiencia, se suele adentrar en los charcos de la adivinación: «Eso no lo va a aceptar nadie». Si te ha ocurrido esta epifanía con tal afirmación, ruego vuelvas a la parte del libro sobre no globalizar.

La duda es comprensible, pero esto también tiene solución: la opción de compra, privada o pública es un acto jurídico y debe tributar fiscalmente en el momento de la realización del contrato (30 días posteriores máximo).

Una vez tributado por la opción, en caso de transmisión del derecho, se tributarán dichas ganancias como incremento de patrimonio del optante (o sea, tú) al nuevo optante.

Para traer esto a tierra, la cosa quedaría así:

Lucas quiere vender su vivienda a Antonio que le ofrece una opción de compra con derecho de cesión por valor de 100 000 € a seis meses con entrega de prima de 10 000 €. Se realiza dicha opción y se declara fiscalmente al abonar los impuestos correspondientes por el valor de la prima según la comunidad autónoma en la que te encuentres.

Un mes después, Antonio conoce a Sergio y le vende su derecho por 150 000 €. Sergio puede querer dos cosas: comprar el contrato de opción de compra y más tarde, dentro de los cinco meses restantes, elevar a público con Lucas la venta del inmueble. En este caso, Antonio podrá vender por 50 000 € dicho contrato y tributará por esas ganancias.

Claro que Sergio deberá comprar sin hipoteca, ya que los contratos de opciones no son hipotecables. Pero ¿y si Sergio necesita hipoteca y por lo tanto lo que quiere es comprar el inmueble por 150 000 € y no solo el contrato? Antonio deberá personarse el día de la escritura de compraventa pública para transmitir en la misma su opción de compra a Sergio por el valor de 50 000 €, apareciendo en dicho documento público todas las partes como intervinientes de dicho contrato y fijándose la retribución de cada uno de ellos en el mismo a efectos fiscales.

Como comprador del inmueble, Sergio abona la cantidad de 150 000 €. Como propietario del pleno dominio que transmite a Sergio, Lucas recibe la cantidad de 100 000 €.

Como optante del derecho de compra, Antonio recibe la cantidad de 50 000 € y todos ellos declaran sus gastos e ingresos en su declaración de la renta por el beneficio obtenido. En caso de que a Antonio lo cambiemos por una persona jurídica; es decir, una sociedad, entonces tributará sus beneficios en el impuesto de sociedades correspondiente.

En muchos casos, este tipo de dudas, a pesar de no tener experiencia, nacen como un síntoma de excesivo análisis y buscamos los problemas mucho antes incluso de habernos puesto en marcha. Si no ha sido tu caso, enhorabuena, eso es síntoma de que no estás afectado por el mal llamado «parálisis por análisis», en el que el inversor nobel pasa más tiempo analizando los riesgos por aversión a la pérdida que buscando soluciones y oportunidades realmente productivas.

Suele ser un método de protección por miedo al riesgo y al fracaso que se enmascara y oculta tras frases mediocres como: «Hombre precavido vale por dos», o una que odio: «De valientes está lleno el cementerio». Estas frases solo nacen para calmar los miedos y autoconvencerse de que son más inteligentes por correr menos riesgos que el resto y que su cautela es síntoma de inteligencia. Lo cierto es que conozco cientos de personas que se arriesgaron y perdieron, pero más cierto es el dato de que no conozco ni una sola persona que sin arriesgarse haya ganado, vivido grandes experiencias o mejorado sus capacidades.

¿Qué vida quieres vivir?

Obviamente, si te aterra enfrentarte al fracaso, lo más lógico es que sigas evaluando y evaluando hasta que tu oportunidad desaparezca o, en cambio, aceptes el reto y asumas que un fracaso es una nueva experiencia y que la suma de todas ellas conforman una vida apasionante. Como dijo Mark Zuckerberg: «En un mundo que cambia muy rápido, la única estrategia que garantiza que fracasarás es no correr riesgos».

Aun así, voy a informarte de los conocimientos que debes adquirir y las precauciones que tienes que tomar.

Caution

Tanto el derecho inmobiliario como la ley hipotecaria serán dos aspectos principales que tendrás que ir aprendiendo conforme avances. No obstante, me veo en la obligación de empezar por lo más básico para que te vayas familiarizando con lo que descubrirás en el día a día de un inversor.

Te recomiendo que me consultes si encuentras problemas de mayor dificultad y sin lugar a duda te daré las indicaciones adecuadas más favorables para que no te encuentres en apuros.

Hablemos primero de títulos de propiedad y derechos reales. La **escritura de la propiedad** es el último título firmado, normalmente ante notario, aunque también puedes adquirir una propiedad con contrato privado de compraventa, que nos indica a quién pertenece el inmueble como legítimo/s propietario/s. Dicha adjudicación puede haberse producido por diferentes formas como, por ejemplo, herencia, subasta, liquidación de bienes o, el más común: compra.

En este documento podrás verificar varios aspectos importantes:

- Las partes que intervinieron.
- Todos los aspectos legales y obligaciones fiscales que conlleva la compraventa.
- La distribución entre las distintas partes de los gastos correspondientes a la operación.
- La liquidación correspondiente a los gastos de notaría al vender una vivienda: aranceles, el número de arancel y los honorarios.
- Los términos y las condiciones de pago del inmueble.
- La inscripción registral del inmueble, en caso de estar inscrita.
- Los datos catastrales del mismo.
- La descripción del inmueble y su situación posesoria.

La copia autorizada de esta escritura matriz se conoce como «copia simple autorizada», que viene a ser una fotocopia de la matriz con sello notarial. No debemos confundirnos con la «nota simple», que es un documento público con un resumen informativo de la situación registral en la que se encuentra la finca[13].

Una nota simple válida no debe tener más de tres meses de antigüedad y en ella podremos identificar quiénes son los propietarios actuales, en qué situación de cargas se encuentra, como hipotecas o embargo, o si tiene algún vicio, evicción o afección, como una VPO (vivienda de protección oficial).

El **Registro de la Propiedad** es un organismo público dependiente del Ministerio de Justicia y tiene por objeto la inscripción o anotación de los actos, contratos y resoluciones judiciales o administrativas que afecten a la propiedad y a otros derechos sobre bienes inmuebles, así como de determinadas resoluciones judiciales que afectan a la capacidad de las personas.

Debes saber que no es obligatorio que los títulos de propiedad se inscriban, pero sí es altamente recomendable.

Una propiedad sin título inscrito no es hipotecable, es compleja de vender por la dificultad que conlleva demostrar su calidad de propiedad y puede ser fácilmente presa de estafas. Las deudas que no aparecen en la nota simple son las de comunidad e IBI que, salvo solicitud de embargo por incapacidad de cobro, no se inscriben.

Para solicitar una nota simple es necesario que nos identifiquemos debidamente y señalemos con qué finalidad solicitamos la misma. La solicitud puede realizarse en el Registro de la Propiedad o en la página web www.registradores.org[1], y debe ser rellenada con los datos de inscripción del inmueble o los datos de la parte propietaria.

Los datos de inscripción imprescindibles son el número de finca y registro o bien el IDUFIR, que es el número único que identifica la

---

1. http://www.registradores.org

finca en cualquier registro (viene a ser como su DNI). Esta es la forma más práctica. En caso de solicitarla con los datos de la propiedad, es imprescindible poner nombre completo y dirección del inmueble.

Ahora bien, hablemos del **IBI (impuesto de bienes inmuebles)**. Se trata de un impuesto de los llamados «directos» que grava la titularidad de los derechos reales sobre cualquier bien inmueble localizado en el municipio que recauda el tributo. Lo cobran los Ayuntamientos y forma parte de las tasas municipales.

En cuanto al **Catastro**, se trata de un registro administrativo dependiente del Ministerio de Hacienda en el que se describen los bienes inmuebles rústicos, urbanos y de características especiales. La inscripción en el mismo es obligatoria y gratuita, características que lo diferencian del Registro de la Propiedad. El objetivo de este registro es meramente recaudatorio; por ello, en el recibo de IBI verás una referencia catastral que identifica la finca con la que estás tratando.

Otro dato importante que encontrarás es el del «valor catastral», que es la suma que estipula Hacienda sobre la construcción del inmueble y el valor del suelo. Este valor depende de la zona en la que se encuentre el inmueble. También es utilizado para calcular el valor del impuesto de bienes inmuebles y el mínimo valor fiscal en caso de venta.

El «mínimo valor fiscal» es fijado por Hacienda depende de la zona donde se encuentre la finca. Dicho valor será el mínimo legal por el que las partes deban tributar fiscalmente en caso de transmisión. En caso de que haya una hipoteca vigente y aún no se haya procedido a su pago y su cancelación registral, deberás actualizar con la entidad con certificado de cancelación de la deuda existente.

Ten en cuenta que en la nota simple del Registro de la Propiedad y/o en la copia simple de la escritura solo aparecerá la carga hipotecaria principal; es decir, la que se solicitó inicialmente, por lo que el importe que verás reflejado en la nota simple será la cantidad total solicitada y no actualizada.

El **CEE (certificado de eficiencia energética)** es imprescindible para vender o alquilar un inmueble. Dicho certificado informa sobre el consumo energético y sobre las emisiones de CO^2 de un inmueble que se anuncia en venta o en alquiler. Es un informe que consta de varias páginas y contiene abundante información sobre la orientación, la situación, la envolvente, la iluminación y los sistemas de producción de energía del inmueble. Asimismo, solo puede ser realizado por un técnico y no tiene validez si no está sellado por el organismo correspondiente de la comunidad autónoma. Su valor suele rondar los 100 €.

Las **arras (señal)** es el depósito que se entrega o deja a cuenta con el fin de garantizar el cumplimiento de un contrato. En los contratos de reservas de viviendas verás cómo se hace referencia a este concepto, pero sobre todo a las arras especificadas en el art. 1454 del Código Civil, que son las más habituales. Dichas arras son entregadas por la parte compradora con el fin de garantizar que la parte vendedora cumple el contrato y termina vendiéndole el inmueble.

En caso de incumplimiento de la parte compradora, esta perderá el importe íntegro entregado; sin embargo, en caso de incumplimiento por la parte vendedora, está deberá devolver el importe que recibió más el doble como penalización. Por ello, es lógico pensar que cuanto mayor sea la cantidad entregada, más seguridad existe de que la operación no sufra cambios inesperados.

¿De qué formas puedo ser propietario de un inmueble?

Pensamos que el simple hecho de comprar un inmueble nos da el mismo derecho a todos; sin embargo, hay matices que debes conocer.

1. Pleno dominio: indica que la persona es la propietaria del total del inmueble y del uso y disfrute del mismo.

2. Usufructo: indica que la persona tiene derecho a disfrutar y usar el inmueble sin ser propietaria de este.

3. Nuda propiedad: la persona es propietaria del bien pero tiene un usufructuario que le impide hacer uso y disfrute del mismo.

Estos conceptos los verás especificados en las notas simples registrales y es importante que sepas que, para poder realizar una venta, debes tener la aprobación del usufructuario o informar al comprador que lo que compra es una nuda propiedad y no el pleno dominio.

Sé que es mucha información, si no tenías estos conocimientos previos, pero resalta esta página para poder revisarla las veces que sean necesaria y repasar todos estos conceptos y conocimientos.

Homestaging

Cuando Howard Schultz puso sus ojos en aquellas cafeterías, sabía que estaba ante algo especial. Esta pequeña empresa de once tiendas ya había construido una comunidad de clientes entregados, y tenía la promesa de crecer aún más.

Pero no fue hasta que Schultz viajó a Italia cuando descubrió el verdadero potencial de vender café: una relación mágica entre los maestros cafeteros y sus clientes, todo ello envuelto en la fuerte tradición del café espresso.

Schultz sabía que si podía traer esta idea de vuelta a Seattle, podría cambiar todo el juego para su futura empresa, y eso es exactamente lo que ocurrió.

Convenció a sus socios de Starbucks para que empezaran a servir café con leche en 1984, y cuando esto tuvo éxito, Schultz compró la empresa para sí mismo en 1987. El resto es historia.

Lo que Schultz sabía era esto: una misión poderosa envuelta en un espacio mágico es lo que atrae a los clientes, pero aún más que eso, es lo que hace que vuelvan una y otra vez. Y no sólo vuelven, sino que hablan de ti a sus amigos. Difunden que existe un lugar con un diseño único, una tienda atractiva, con ambientes cómodos y elegantes, bajo el aroma y sabor de los granos de café de alta calidad.

Es aquí donde se entiende la importancia de cuidar los aspectos decorativos en espacios donde buscamos confort y tranquilidad.

En una convención de inversiones me encontré con una persona que cuestionaba mi contundente afirmación de que un inmueble no es vendible, no exclusivamente por su precio, sino por su estado y por la forma en la que lo mostramos al mundo. Esta agente inmobiliaria me comentaba que veía innecesario mejorar excesivamente el *marketing*, fotos o el estado de un inmueble a la venta, ya que normalmente siempre llega alguien a hacer una oferta por el mismo.

Esta misma idea también la tienen los vendedores inexpertos en esta materia y su posición resulta difícilmente rebatible. Los propietarios, particulares en su mayoría, por una inconcebible idea de que puedo «vender mi casa como está» también comparten esa opinión y malgastan su oportunidad de impactar en el mercado con un anuncio mal enfocado, fotos cutres, falta de información, sin puesta en escena ni idea de *marketing*.

¿Qué provoca esto?

Pues que la masa crítica con potencial de compra deseche la vivienda y el vendedor se vea abocado a esperar a que se genere una nueva demanda o bien a rebajar el precio. Aquí nace una oportunidad de negocio para inversores que tienen a mano una herramienta brutal para lanzar, impactar y vender hogares: el *homestaging*.

Esta «puesta en escena» consiste en pequeños arreglos y mejoras al mobiliario para que parezca habitable. Las claves están en la despersonalización del inmueble dándole forma de hogar y haciendo que los interesados se multipliquen. Es una técnica moderna pero muy depurada.

Se concibe desde pequeños arreglos (pintura, decoración, etc.) hasta obras menores pero de gran impacto o amueblamiento completo.

Recuerdo un inmueble en particular que compramos en 45. 000 € y, luego de tan solo 5000 € de arreglos, logramos venderlo en 87.500 €.

Seguramente puedas pensar que esto fue porque compramos a buen precio. Sí, también, pero la realidad es que el estado del inmueble, con olor a tabaco, muebles asquerosamente sucios y destrozados, insalubridad en cocinas y baños, paredes amarillas por el humo y muchas cosas más, lo hacían desagradable para el consumidor tradicional que lo desechaba de inmediato. Con esta técnica podemos alzar precios ya que no vendemos «espacios vacíos» sino «hogares».

Dentro de las formas de actuación para valorar un *homestaging*, recomiendo tener muy en cuenta que hay aspectos físicos importantísimos para no obviar: cocinas, baños, suelos y paredes. Estos cuatro hitos revalorizan en mayor proporción que todo el resto. Querer revalorizar solo con mobiliario o decoración, cuando tenemos un suelo desgastado y feo, unas paredes con pintura de colores fuertes o con baños y cocinas antiguos, no nos permitirá el margen que necesitamos. Al igual que usar muebles falsos versus mobiliario real, que aunque puede ayudar, la calidad de los primeros no va a ayudar a mejorar nuestros ingresos.

Existen empresas de mobiliario que alquilan sus muebles a cambio de que nuestra vivienda se use de *showroom* para ellos, vendiendo estos muebles a su cliente final.

Y lo mejor de todo esto es ver la gran demanda que recibimos por un buen trabajo de puesta en escena, mientras las otras viviendas no reciben ni una sola visita.

AQUÍ PUEDES VER CONOCER MEJOR LA EMPRESA DE HOMESTAGING QUE DIRIJE. MI ESPOSA

Marketing que enamora

¿Qué debo hacer para que te enamores de mí?

Esta frase la uso mucho para que se entienda que la idea no es otra que conocer los gustos de nuestros consumidores para entregarle lo que realmente buscan, quieren o necesitan.

El *marketing* ha evolucionado en este aspecto desde aquel modelo enfocado en suposiciones que se lanzaba al público (consumidor) para posteriormente evaluar su reacción y mejorarlo para ampliar el mayor número de clientes a las empresas de productos o servicios.

Qué difícil y costoso, ¿no?

Es mucho más fácil preguntar al consumidor, estudiar sus costumbres y entregarle justamente lo que necesita. Con pequeños estudios podrás validar tus ideas mucho antes de gastarte el dinero en *marketing* para vender un inmueble o alquilarlo que no te va a llevar a ningún sitio. Ni siquiera se trata de ponerse en su lugar, sino de preguntar cuál es el lugar que quiere. No especules ni creas que sabes completamente lo que el consumidor está demandando. Pregunta, escucha y crea.

Imagina que estás creando un *coliving* en el centro de una ciudad universitaria y empiezas a preguntarte cómo es el cliente potencial que va a arrendar esos espacios y a disfrutar de ellos.

Voy a dar por hecho de que ese estudio de *marketing* lo has hecho en el Método Lean Inmobiliario y no te has adentrado inconscientemente en invertir todo tu capital en crear un espacio desconociendo cuál es tu público potencial. Igualmente, imagina que estás buscando tu consumidor y empiezas a hacer tus primeras especulaciones:

Jóvenes de entre 18 y 30 años con un fin concreto: estudiar mientras se divierten y comparten sin mucho compromiso y con servicios a su alcance que les permitan mayor tiempo libre. Perfil económico: medio bajo avalados por sus padres. Pagan hasta 300 € por mes/habitación.

Bien, esto es una suposición y, basándote en ella, realizas la inversión que te parece productiva y comienzas a tener feedbacks *de los jóvenes, quienes te negocian condiciones y acabas bajando a 250 € por habitación.*

En esa misma zona una empresa de arrendamientos a extranjeros busca un lugar similar para residencias tranquilas donde pernoctar y visitar la ciudad. De 35 a 60 años, que busquen tranquilidad, compartir lo menos posible y tener servicios de limpieza, tours *culturales,* amenities*, etc. Esta empresa asegura una ocupación del 65 % anual con una media por noche de 45 €, lo que te puede generar unos 877,50 € al mes por habitación.*

¿Por qué no los tuviste en cuenta?

Esto que te acabo de contar es un caso real en Valencia, donde las suposiciones y una falta de experiencia en los análisis del mercado, por no saber realizar un buen *marketing* enfocado en el consumidor, dejaron sin opciones realmente rentables a este inversor.

El mismo espacio debe enamorar a unos y a otros, y atraer al que mayor valor nos entregue por el mismo producto o similar.

MÉTODO LEAN INVERSIÓN INMOBILIARIA

Esto es con la idea de crear espacios interesantes y de esta forma disminuir los riesgos y evitarte campañas de *marketing* de costes elevados, pero recuerda que tienes tres campañas continuas que realizar y mantener.

Una, para atraer contactos de vendedores potenciales. Otra que atraiga inversores a tus proyectos en caso de necesitar financiación alternativa. Y por último, la de búsqueda de consumidores de tus productos a la venta o en alquiler.

En cada una de estas campañas deben primar estas reglas: impactar con el mensaje, la imagen y/o vídeos; que la llamada a la acción sea repetitiva y el aterrizaje (formulario, llamada, sms, etc.) sencillo y cómodo; y, finalmente, que haya perseverancia, puesto que la clave es ser muy constante.

Cuando tengamos claro el objetivo y el desarrollo de la publicidad, podemos elegir los canales por donde lanzaremos nuestra oferta. Existen dos tipos: «analógicos» y «digitales». Los analógicos pueden ser *flyers*, cartelería de carretera o publicidad en medios de papel. Si bien no

tienen el mismo alcance que los digitales, que a simple vista nos pueden parecer más atractivos, no podemos obviarlos, ya que aún hay muchas personas analógicas y estas campañas las abordan de forma más eficiente.

En medios digitales podemos realizar nuestra inmersión en redes sociales o apostar por anuncios en radio, canales locales de televisión o publicidad programática[14], siempre asesorados por profesionales.

Lo primordial es evaluar cuál de esos anuncios y qué canal nos ofrece mejor CPA (coste por adquisición). Esto quiere decir que debes contabilizar cuál es el coste de la inversión en comparación con cada cliente que has conseguido que te venda o alquile, invierta en tu proyecto o te compre o arriende uno de tus productos. Mayor éxito a menor CPA.

«El *marketing* es un cóctel de imaginación, ilusión, innovación, identificación de necesidades, fidelización y medición bajo una mirada globalizada, abierta y en constante actualización», Héctor Baragaño.

Capítulo 5: SUBASTEROS

«Cuanto más vino bebas, más pujas en la subasta».

El Oeste

Los bienes inmuebles son la inversión más segura del mundo.

Franklin D. Roosevelt

Cuando ya llevaba unos cinco años de recorrido en este mundillo, comencé a comprender que el mercado libre era bastante inestable y que en épocas de mucho optimismo los vendedores se mantendrían en un estado de difícil acuerdo entre las partes, disminuyéndose mis probabilidades de localizar buenas oportunidades, comprándolas u optándolas a precios en los que no me sentía demasiado cómodo.

Normalmente, tras una etapa de exceso de optimismo, llega un golpe seco de pesimismo y, si te encuentras absorto por tu excesiva emoción positiva, puedes verte enfrentado a graves apuros económicos, y aunque, a la larga, inevitablemente vuelve a su cauce, te tocará sacar garras y recuperarte del periodo sin ingresos. Si bien se aprende mucho de estos fracasos, tampoco es el objetivo hacerse vulnerable con la excusa de aprender.

Así que, en uno de mis avances inconformista, me propuse aprender cómo funcionaba exactamente el sector de las subastas, para tener entrada disponible de nuevas oportunidades por otros cauces alejados de los ciclos emocionales del mercado libre.

De allí hasta hoy ha llovido mucho y las cosas han cambiado a mejor. El sistema de subastas presenciales que existía permitía que se pactaran libremente precios entre subasteros y alteraran los valores. Era el oeste y había que tener grandes recursos para enfrentarse a estos pistoleros. En cambio, en la actualidad la gestión de subastas *online* o de sobres cerrados nos permite guardar el anonimato y esto facilita los trámites, aunque no todo sea favorable.

Como siempre digo:

«No hay un mundo ideal porque en ese caso no existiría riesgo y por lo tanto no se producirían ganancias».

Digamos que sigue siendo el Oeste, pero que en vez de liarnos a tiros con revólveres Coll del 43, nos pegamos a tortas. El mercado de las subastas es muy competitivo y confuso y, por qué no decirlo, arriesgado. A su favor, también es tremendamente lucrativo y con los conocimientos necesarios puedes optar a comprar oportunidades sorprendentes.

La brújula

Para no extendernos enormemente ya que el contenido de subastas daría para una enciclopedia, voy a orientarte en las subastas publicadas en www.subastas.boe.es[2]. De momento, es la única plataforma electrónica donde se pueden realizar subastas judiciales, notariales o de la AEAT (Agencia Estatal de Administración Tributaria).

Y puede que, por desconocimiento, al principio te cueste bastante entender algunos conceptos sobre todo dentro de las subastas judiciales en vía de apremio provenientes de deudas hipotecarias (son las que más limitaciones tienen) de la Ley de Enjuiciamiento Civil, que es la que determina las condiciones generales de las subastas judiciales en vía de apremio en las que nos centraremos en este libro por su complejidad.

Las subastas por deudas con hacienda conllevan menos límites y una vez que entiendas las anteriores, estas últimas te serán más fáciles de comprender.

Empezarás a escuchar términos como: letrado de administración de justicia (LAJ), edictos, certificaciones de cargas, entregas de posesión, adjudicaciones, reserva de posturas, etc. En definitiva, algunos conceptos que, sino los has escuchado antes, de momento, te parecerán difíciles de descifrar pero más tarde los abordarás sin problema y estarán integrados en tu nuevo vocabulario.

Llegado ese punto, es donde podrás leer entre líneas los aspectos elementales de las subastas. Posiblemente, al principio tu parte del cerebro reptiliano, en una de sus técnicas de defensa ante el cambio, te juegue una mala pasada y quiera huir al entender que es un asunto complejo y por lo tanto temerario. Afronta el reto, son estas dificultades las que merecen la pena.

---

2. http://www.subastas.boe.es

¿Qué estamos buscando?

El principio es sencillo. Nos damos de alta en la plataforma de subastas BOE con un certificado electrónico y, a partir de ahí, tendremos acceso a toda la información de las subastas que están en activo.

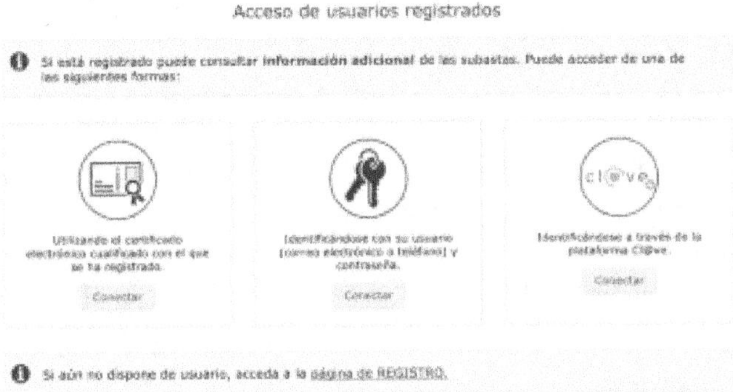

Dentro de estas subastas veremos datos relativos al inmueble. Lo primero que tienes que saber es que, por ejemplo, en las subastas judiciales la información que nos encontraremos en muchas ocasiones no nos aportarán todos los datos que necesitamos y un buen subastero sabe que posteriormente tendrá que completar toda aquella información por sus propios medios, lo cual disminuye el riesgo de adjudicarse un inmueble en subasta. Es como un rompecabezas en el que no nos dan todas las piezas.

Para empezar, siempre les aconsejo a mis mentorizados que busquen como si estuvieran en un portal inmobiliario. Tienes un buscador con filtros, escoges la zona donde te sientes seguro y buscas inmuebles que te parezcan atractivos por su ubicación o por su valor de subasta. Una vez encontrado un inmueble que te parezca bien, debes verificar tanto el edicto como las cargas que pueda tener.

En las subastas hay cuatro aspectos imprescindibles para tener en cuenta:

1. Valor de subasta: Es la cuantía por la cual se rige la licitación. Esta cantidad puede haberse fijado por peritación judicial o bien por la tasación que se realizó en el momento de la creación de la deuda hipotecaria.

2. Cargas preferentes: Todas aquellas que están por encima del embargo de ejecución por el cual yo estoy entrando en subasta y las cuales tendré que hacerme cargo de estas.

3. Tipo de dominio y posesión: Verifica qué es lo que se está subastando: un pleno dominio, un usufructo o un proindiviso. Asimismo, comprueba el estado del inmueble y los derechos de sus ocupantes.

Finalmente, debes evaluar la contabilidad del proyecto teniendo en cuenta todos los posibles gastos en los que puedas incurrir:

1. Cargas preferentes: Las mencionadas anteriormente, en orden cronológico a la carga por la cual se ha ejecutado la subasta.

2. Cargas de comunidad e IBI: Aún sin aparecer en la nota simple o en la certificación de cargas, deberán asumirse en el año en curso y dos anteriores, para comunidades; y año en curso y anterior, para IBI; o hasta cuatro años por prescripción de recibos impagados anteriores.

3. Costes de posible desocupación.

4. Gastos de una probable reforma.

5. ITP y registro de la propiedad.

6. Posibles contingencias: En caso de que no hayas evaluado todas las cuestiones, debes tener previsto un margen de contingencias como red de seguridad.

Habiendo fijado el valor al que estás dispuesto a comprar, ahora te queda ver qué dificultad se te puede plantear conforme a la Ley de Enjuiciamiento Civil en las subastas judiciales en Vía de Apremio.

En el código 670 de la Ley de Enjuiciamiento Civil se establece el 70 % del tipo de subasta como mínimo por debajo del cual la adjudicación no es firme y quedará en suspenso. Quiere decir que si pujas por debajo del 70 % del valor de subasta, las probabilidades de que te adjudiquen el bien se van disminuyendo.

En este negocio todo es un juego de probabilidades. Se parece al póker, jugamos con las cartas que nos dan y normalmente no se nos va a permitir ni siquiera visitar el bien subastado.

Las cartas son siempre las mismas y todas las reparte el letrado de administración de justicia, que viene a ser el Sheriff con código 670 de la Ley de Enjuiciamiento Civil en la mano, y lo más complicado, su interpretación «justa» del mismo.

Y por otro lado tendrás mayor o menor información dependiendo del tipo de subasta con la que te encuentres o el desempeño que haya tenido el LAJ (siendo subasta judicial) o el trabajo del funcionario (siendo subasta de la Agencia Tributaria). Cuanta menos información, menor probabilidad de triunfar y más investigación para el subastero.

También hay diferencias relativas conforme al dominio o propietario del inmueble. La compra de inmuebles de vivienda habitual es más compleja que la compra de inmuebles a sociedades o segundas residencias.

Volviendo a la Ley de Enjuiciamiento Civil, si no nos adjudicamos el inmueble por más del 70 % del valor de subasta (siendo el mejor postor la adjudicación es directa) las probabilidades disminuyen, ya que el juzgado está obligado a notificar al deudor la posibilidad de que presente, en 10 días posterior a la notificación, a un tercero que mejore la postura alcanzada o, al menos, una cantidad que sea suficiente para pagar la deuda del banco acreedor.

Si finalmente no hace uso de este derecho, el banco acreedor tiene otros 5 días para adjudicarse el bien por el 70 % del tipo de subasta o por la cantidad que se le debe por todos los conceptos, incluyendo el principal intereses y costas.

Obviamente, esta cantidad tiene que ser superior a la mejora postura. Si la postura es inferior al 50 % y cubre, como mínimo, la deuda, el remate podrá aprobarse a favor del mejor postor. Si no cubre la deuda, la decisión quedará en manos del juez quién verificará el comportamiento del deudor durante el proceso de impago de sus obligaciones o la posibilidad de embargarle otras propiedades a favor del acreedor.

En definitiva podemos pujar por el valor que consideremos oportuno, pero si el valor es inferior al 70 % las probabilidades irán disminuyendo. Por otro lado, ten en cuenta que aun así, en caso de que no te la aprueben, lo único que habrás perdido será tiempo, ya que el dinero entregado como consignación (5 % del valor de subasta) te lo devolverán íntegramente.

En el estudio inicial de la subasta solo es necesario intuir si merece la pena seguir valorando las cargas, leer el edicto o solicitar acceso al expediente judicial para proseguir.

Partiendo de un valor estimado donde tengamos claro cuál es el precio de compra adecuado que nos permita obtener rentabilidad, revisaremos los siguientes valores para conocer su interés.

Voy a desarrollar un ejemplo que discurra entre los valores óptimos para que te sea más fácil entenderlo.

Vivienda en subasta la cual hemos valorado en 100 000 € precio de venta rápida.

Indicadores óptimos en valoración previa:

Muy interesante: *si vemos un valor de subasta inferior a nuestro precio marcado.*

Ejemplo: Valor de subasta: 80 000 €

Interesante: *si el valor de subasta por el 70 % es inferior al precio al que queremos comprar.*

Ejemplo: Valor de subasta: 110 000 €, lo cual al 70 % nos da 77 000 €, valor inferior aun a los 100 000 € de nuestro precio de mercado.

Medianamente interesante: *si el valor de subasta por el 50 % es inferior al precio de mercado.*

Ejemplo: Valor de subasta: 150 000 €, lo cual al 70 % nos da 105 000 € y supera lo marcado, por lo que nos iremos al 50 %, que son 75 000 €. Esto nos indica que la dificultad es mayor que en los casos anteriores, pero aún existen opciones de adjudicarnos el inmueble entre 75 000 y 100 000 € siempre que concurran las situaciones mencionadas en la LEC. Esto quiere decir que ni el ejecutante (acreedor) o ejecutado (deudor) han hecho uso de sus facultades adjudicándose el inmueble o presentando un tercero que mejore la postura.

Estudiable, pero de poco interés: *si siendo el valor de subasta el 50 % superior al precio de mercado, la deuda es inferior.*

Ejemplo: Valor de subasta 220 000 €, al 50 % nos da 110 000 €, valor superior los 100 000 € de nuestro precio de mercado pero con una deuda de 70 000 €. En este caso, existen pocas opciones de adjudicarnos la subasta pero no es imposible.

Resumen práctico y *checklist*

Una vez dentro en el portal y teniendo claro cuál es tu objetivo de inversión y hasta dónde quieres probar suerte, los pasos son los siguientes:

(El máximo de tiempo para realizar estos pasos es de 20 días desde que se publica en el portal de www.subastas.boe.es[3]).

1. Buscar oportunidades.
2. Identificar el bien y qué es lo que se subasta (pleno dominio, proindiviso, usufructo, etc.).
3. Valorar su precio óptimo y rentabilidad.
4. Identificar el valor de subasta y la deuda.
5. Interpretar el art. 670 LEC en las judiciales en vía de apremio (en caso de intuir que es una posible oportunidad gracias a los indicadores óptimos).
6. Identificar y valorar las cargas preferentes y posibles deudas o gastos en los que tendremos que incurrir.
7. Leer el edicto, condiciones generales y especial atención con las particulares, si las hubiese. Si en este punto no existe aún ningún aspecto desfavorable, seguimos.
8. Solicitar nota simple actualizada para ver los cambios en las cargas.
9. Visitar el bien inmueble o preguntar a vecinos.
10. Solicitar el expediente judicial (no siempre nos dan acceso). Si hasta alturas seguimos interpretando positivamente nuestra subasta, continuamos.

---

3. http://www.subastas.boe.es

11. Consignar depósito.
12. Pujar

MÉTODO LEAN INVERSIÓN INMOBILIARIA

Enfoque

La clave del éxito comercial es la disciplina emocional. Si la inteligencia fuera la clave, habría mucha más gente ganando dinero comerciando.

Víctor Sperandeo (Trader Wall Street)

Cuando estés listo y hayas comprobado que es una verdadera oportunidad, te verás atraído a entrar en subasta cuanto antes y pujar.

En algún momento, sobre todo al principio, querrás poner en práctica tus nuevos conocimientos. Es lógico. Aun así, sé paciente y vuelve a revisar todos los puntos y a estudiar con más detalle la operación sin dejarte llevar por tus ganas de entrar a pujar.

Una vez lo tengas claro, puedes comenzar a pujar siendo consciente de que no se trata de ganar la subasta sino de generar ganancias con la compra. ¡No te salgas de tu guion marcado!

Truco:

En las subastas encontraras procedimientos sin tramos entre pujas, ¿Qué quiere decir esto?

Que cuando alguien puje podrá hacerlo por el valor que considere, por ejemplo, un céntimo y esto provocará que el reloj aumente otra hora más, por lo que, de madrugada, el que más aguante despierto será el ganador.

En los mercados de Forex, Criptos o Bolsa se habla de tres conceptos que nos ayudan a entender la importancia de dejar de lado las emociones y mantenernos fiel en nuestro objetivo.

El primero es **FOMO** (*Fear Of Missing Out*; es decir, «miedo a perdérselo» o «miedo a dejarlo pasar»). Se da cuando vemos que hay un gran interés por aquello que nos interesa y comenzamos a pensar si no habremos evaluado mal la oportunidad y otros habrán visto algo que se nos escapa, lo que finalmente nos empuja a pagar más de lo que habíamos valorado.

Esto denota inseguridad y falta de autoestima. En las subastas no vemos a nuestros contrincantes ni conocemos sus ambiciones o experiencia, por lo que dejarse llevar por esto es una auténtica locura.

El siguiente es **FUD** (*Fear, Uncertainty and Doubt*; es decir, «miedo, incertidumbre y duda»). Esto se suele generar cuando nos informan inadecuadamente con el fin de que abandonemos nuestras ganas de invertir y nos arrojamos a los brazos de esas mentiras.

Una muestra clara me ocurrió en la búsqueda de información en un edificio donde se encontraba el inmueble subastado por el cual quería pujar y un vecino malintencionado me informó inadecuadamente del estado de ocupación del activo, comentándome que estaba ilegalmente ocupado por unos desalmados, esto porque posiblemente también le era de su interés. Tras hablar con el administrador me corroboró que el inmueble estaba libre y que los mismos propietarios habían sido sus últimos habitantes. Si me hubiese dejado llevar por la FUD generada por el vecino, hubiese perdido adjudicarme una vivienda un 68 % por debajo de su precio de mercado.

El último es el **Síndrome de la mano caliente**. Realizamos tres o cuatro buenas inversiones y damos por hecho que estamos en racha y que tenemos muchas opciones de repetir la misma jugada con idéntico resultado. ¡Error! Este tipo de pensamientos solo nos volverán más incautos y asumiremos riesgos que antes evaluábamos de una forma más inteligente.

Mantente firme, entrena la paciencia y sigue el *checklist*.

Adjudicación

MÉTODO LEAN INVERSIÓN INMOBILIARIA

Si has logrado pujar el mejor precio y rematar el inmueble a tu favor, enhorabuena, ahora debes adjudicártelo. Una vez notificadas las partes, el letrado de administración de justicio emitirá el certificado de adjudicación a tu favor y te solicitará abonar la diferencia entre el valor al que has pujado, restando la consignación entregada, en un plazo máximo de 40 días.

¿Puedo pedir una hipoteca?

Sobre el bien adjudicado no suele ser viable, aunque la ley lo permite. Las entidades no suelen asumir riesgos de entregar cantidades algunas sin haber tomado posesión y eliminado cargas, por lo que esa vía queda desechada. Lo que sí es posible es solicitar un crédito sobre otra vivienda libre de cargas que tengas para después abonar esta. Obviamente, esta es una tarea que debes haber realizado antes de entrar a pujar.

Las otras opciones se resumen en *crowfunding*[15], líneas de crédito o préstamos personales. O, inclusive, la «tokenización» con Blockchain, tema en el que mi equipo y yo estamos inmersos en estos momentos para hallar una solución a la financiación tradicional, una más ágil que permita la descentralización de las finanzas.

Para el final te dejo la opción de solicitar pagar a plazos al juzgado. Esta parte es la que mayor interés forma entre mis mentorizados y clientes, ya que se trata de pagar en cómodas cuotas la totalidad del remate por el cual hemos pujado, lo que nos da la opción de no endeudarnos con

ninguna entidad o tener que buscar financiación alternativa para ello.

Para las judiciales en vía de apremio el art. 670 de la LEC dice lo siguiente: «Si solo se hicieren posturas superiores al 70 por 100 del valor por el que el bien hubiere salido a subasta, pero ofreciendo pagar a plazos con garantías suficientes, bancarias o hipotecarias del precio aplazado, se harán saber al ejecutante quien, en los veinte días siguientes, podrá pedir la adjudicación del inmueble por el 70 por 100 del valor de salida. Si el ejecutante no hiciere uso de este derecho, se aprobará el remate en favor de la mejor de aquellas posturas, con las condiciones de pago y garantías ofrecidas en la misma».

El inconveniente es el siguiente: solo se puede optar por esta opción siempre que hayas pujado por más del 70 % del valor de subasta y el ejecutante no se lo quiera adjudicar; conjuntamente tendrás que poder garantizar que puedes hacer frente a los pagos.

Pero ¿dónde especifica que son «garantías suficientes»? Conozco casos donde el subastero ha podido justificar que sus ingresos y el mismo activo que se ha rematado son más que suficientes para el pago y al LAJ no le ha quedado más opciones que validarlo.

¿Y cuánto y cuándo pago?

En este caso, es recomendable no ser abusivo para no forzar al ejecutante a adjudicarse el inmueble, por lo que es recomendable crear una tabla de pagos realista o con similitudes al mercado hipotecario. Por ejemplo: 25 años a un 2 % de interés fijo anual.

Esta solución de pagos te evitaría endeudarte con terceros para la compra del activo y te permitirá, en algunos casos, comprar con poco dinero de entrada.

La otra solución para comprar sin endeudarte te va a sorprender.

Ya hemos hablado de la importancia de la posición de las cargas. Si hay una carga previa a la que está propiciando la subasta, esa carga nos afectará, quiere decir que deberemos pagarla.

¿Y si esa carga es una hipoteca?

Pues esta situación se nos ha presentado muchas ocasiones, un ejemplo espectacular fue el del edificio de calle Emilio Thullier.

En esa vivienda la subasta se había propiciado por un impago de la comunidad de propietarios de tres años, ascendiendo la cantidad a casi 7.000 euros.

El inmueble tenía una hipoteca por valor de 47.000€ aproximadamente y nosotros pujamos por 5.500 euros.

Así que nos adjudicamos el activo por esa cantidad pero teníamos una hipoteca que también tenía impagos por el importe de los 47.000 euros que comentamos. ¿Solución?

Estuvimos tres meses negociando con la entidad hasta que accedió a disminuir la deuda en un 27% si liquidábamos en un mes, para ese momento ya habíamos vendido a un tercero que nos pagó 109.000€, por lo que pudimos sacar un beneficio enorme por una inversión de 5.000€ más los gastos de reacondicionamiento, deuda de IBI, ITP y gastos de registro. En total unos 13.000 euros que generaron unos beneficios brutos de 49.000 euros.

Pero ¿y si no hubiésemos querido liquidar la deuda de la hipoteca?

Hubiéramos solicitado al banco poner al día la hipoteca y haber mantenido los pagos de la cuota que en aquel momento era apenas unos 320 euros, la deuda hubiese seguido a nombre del anterior propietario y nosotros hubiésemos sido los deudores solidarios. Con esto puedes comprar viviendas en subastas entendiendo que aquellas que como deuda anterior tienen una hipoteca pueden ser tu trampolín para no hipotecarte desde cero y comprar una buena vivienda sin descapitalizarte o endeudarte.

Quiebra de la subasta

Ya de entrada te aviso que esto que te voy a contar es ilegal y conlleva un procedimiento penal contra los autores. Conocerlo te hará comprender por qué en algunos casos obvios las subastas se disparan.

Estoy frente a la pantalla revisando una subasta muy interesante. Su precio de mercado lo evalúo en 200 000 €.

Reviso sus cargas y no hay ninguna anterior a la que ha posibilitado la subasta. El valor de subasta es de 110 000 €, por lo que, sin complicarse mucho, es posible adjudicárselo de 77 000 euros en adelante (70 % del valor de subasta). La deuda es de 63 000 euros.

Bueno, pues comienza la diversión: en la primera puja que veo hay una de 6000 €, la siguiente es de 65 000 € y, antes de que yo pueda superarla, entra una de 230 000 €.

¿Qué ha pasado?

Aquí llega la explicación a una más que posible estafa difícil de comprobar.

Dos personas acuerdan realizar las pujas casi conjuntamente. El sujeto A por un valor cercano al 70 % y que cubra la deuda, realizando una reserva de postura. El sujeto B por un valor desproporcionado que anule el interés del resto de subastero. Cuando el LAJ avise de la obligación de pago al sujeto B, este se hará el remolón para pagar y dará mil excusas para no cumplir con sus obligaciones, e incluso intentará que le devuelvan la constitución del depósito, en este caso, 3850 €. Cuando salga de la ecuación, la subasta con mucha probabilidad recaerá sobre el sujeto A, que podrá adjudicársela ya que, aun siendo inferior al 70 % del valor de subasta, cubre la deuda. Obviamente el afectado es el deudor que, en una subasta justa, podría haber liquidado su deuda y recibido un sobrante por la venta.

Te preguntarás cómo es posible esta artimaña.

Sencillo: no hay transparencia en el portal BOE de subastas y no hay forma de ver cuántas subastas se están realizando por tramos. Solo vemos la última más alta. Esto hace que cuando vemos la subasta más alta no podamos revisar las anteriores y no queramos arriesgarnos a perder tiempo realizando una puja intermedia por debajo de la más alta con reserva de postura, para posicionarnos en caso de incumplimiento del sujeto A por lo que dejamos vía libre para un desconocido primer subastero que ha pujado en tan solo 63 000 euros como es el caso de nuestro sujeto B.

Increíble pero cierto.

Estos sujetos lo hacen a sabiendas de que los juzgados están demasiado ocupados para revisar esta connivencia ilegal y que además es difícil de comprobar. Lo que sucede con esto y quiero que valores, es que elimina de raíz el principio para el cual se han creado las subastas, que no es otro que llegar a un precio justo fijado por la demanda y que las partes intervinientes, acreedores y deudores no salgan perjudicadas.

Si lo intervenimos con acuerdos injustos, unos ganan y otros pierden en demasía.

Lo inesperado puede suceder

Esperar lo inesperado muestra un buen intelecto.

Oscar Wilde

«Ha pasado mucho tiempo y no he sabido nada de la subasta que gané». Con esta incertidumbre desperté una mañana tras 56 días de espera. No es anormal pero sí comienza a sobrevenirte un grado de incertidumbre alto sobre todo porque los LAJ no son demasiado dados a actualizar información a los subasteros. ¿Qué habría podido pasar?

En este caso lo que había sucedido fue una situación denominada «tercería de dominio». Se da cuando una tercera parte, que no estaba en el procedimiento de ejecución, presenta un documento legal donde dice haber adquirido derecho parcial o total sobre el inmueble antes de ser este ejecutado.

«Se armó el lío». Aquí nos toca esperar meses a que esto se resuelva mientras, incrédulos, vemos cómo nuestro dinero de depósito está paralizado. Casos así podemos encontrar también con los terceros poseedores, los arrendamientos, okupaciones o derechos de retractos.

El tercer poseedor es aquel que tiene derechos sobre la propiedad por cualquier título, por ejemplo, un heredero. Se dan casos de ejecución de un fallecido, cuestión que desconocerás, y tras adjudicártelo encuentras que las personas con derechos hereditarios han solicitado elevar a público su herencia. Serán meses o años de pleitos para resolver quién es el que tiene derecho de dominio y posesión.

Con el «derecho de retracto» (el derecho de subrogarse, con las mismas condiciones estipuladas en el contrato, en el lugar del que adquiere una cosa por compra o dación en pago) podemos ver cómo una parte externa solicita que se revoque la adjudicación al tener esa opción legal.

Es difícil predecir la posesión del inmueble. Lo normal es seguir los pasos de verificación que se han recomendado. En una de mis inversiones, verificamos un arrendamiento con contrato fraudulento a fin de mantenerse en la vivienda. En esos casos las desocupaciones se complican y se alargan, lo que supone más costes.

Hasta aquí es donde puedo contarte sobre subastas de forma ordenada y espero haber puntualizado con claridad los aspectos más importantes que deben ser tenidos en cuenta y revisados a conciencia.

Con todo esto, ya tienes las nociones básicas o reglas del juego necesarias para abordar en el mundo de las subastas, pero no olvides contar con ayuda en las primeras inversiones.

¿Te gustaría comenzar a recibir subastas que se adapten a ti cada semana y que nuestros expertos te ayuden a comprarla?

Aquí te regalo un webinar gratuito donde te explico mejor el servicio de URBEi para comprar subastas con las mayores garantías y seguridad

https://urbei.net/book-webinar-subasta

Capítulo 6: CONSTRUYE TUS EDIFICIOS

Las grandes obras se realizan no mediante fuerza

sino mediante perseverancia.

Samuel Johnson

Lo tradicional

A los 17 años, viviendo una vida acomodada, de repente, te encuentras con que tu padre pierde su fortuna y tienes que cambiar radicalmente tus hábitos. Así comienza la historia de Enzo Lagger, empresario chileno.

La historia que te voy a contar demuestra que es más importante el talento y la perseverancia que el dinero.

Encontrándose con problemas económicos, un joven acomodado de 17 años puede hacer dos cosas; conformarse mientras se queja o enfrentar la prueba para convertirse en alguien ejemplar.

Obviamente Enzo tomo la segunda y creo una fábrica de pasteles, tortas y cuchuflies (dulce típico chileno) en la parte trasera de su casa para después crear eventos en puerto Varas. Con esto arranco hasta que a los 22 años comenzó a vender pescados y mariscos a comercios de la capital santiaguina que mandaba a importar desde Puerto Mont.

En 2014 ya facturaba más de 400.000 dólares mensuales gracias a su negocio.

Este gran crecimiento lo llevo a atraer el interés de otro empresario que en un movimiento empresarial logro quedarse con su negocio sin pagarle un solo euro.

MÉTODO LEAN INVERSIÓN INMOBILIARIA

De nuevo Enzo se encontraba en una situación de quiebra.

Apenas unos suelos le habían quedado y siguiendo muchos de los consejos que tú estás aprendiendo comenzó a fraccionar suelos y venderlos creándole buenos beneficios.

Una vez dentro del negocio inmobiliario entendió la rentabilidad que esconde y busco un nicho de mercado que atender:

"Me di cuenta de que el fin último de los chilenos era cumplir el sueño de la casa propia, algo muy complejo de hacer por los altos precios que ofrece el mercado inmobiliario. Por eso decidí incursionar en esto, cambiando el paradigma de las casas prefabricadas, pasando de ofrecer las típicas estructuras de madera poco atractivas, a brindar viviendas modernas y dignas a un precio justo" comentó Enzo en una entrevista.

Ahora su empresa factura más de 50 millones de dólares anuales y se encuentra en expansión por Latinoamérica.

Todo buen inversor sueña con dejar un legado y uno de los más bonitos podría ser la construcción de tu propio patrimonio. Una urbanización, un conjunto de oficinas, edificios residenciales o un complejo hotelero, por ejemplo. Esto, aparte de acercarte aún más a tu propósito, te concebirá un sentimiento de plenitud.

Pero, claro, supuestamente para construir necesitamos gran patrimonio que nos respalde o una capacidad de endeudamiento importante así como unos conocimientos sobre construcción y urbanismo amplios que nos permitan desarrollar un proyecto de manera adecuada.

Existen grandes *players* en este negocio, empresas que cotizan en Bolsa, constructores con décadas de experiencia a sus espaldas y entidades bancarias con técnicas de financiación complejas, conceptos con los que puede que aún no estés familiarizado y esto al igual que en las subastas puede paralizarte o no.

La «promoción normal» trata de la compra de un suelo por una empresa promotora que ha realizado un estudio de mercado, dicho suelo se gestiona para realizar el proyecto y se contrata a un constructor para ejecutarlo. Posteriormente, la promotora suele endeudarse con un banco que solicita al menos un 50 % de las preventas para entregar la financiación al promotor.

La entidad irá abonando cantidades al promotor conforme vaya ejecutándose la obra y al final subrogará a los compradores a dicha deuda. El objetivo del promotor es el de conseguir un 30 % de retorno aproximado del coste final del proyecto. No hace falta que te explique que para todo esto se necesita capital, paciencia y experiencia, ya que son muchos los pasos y el riesgo. No es para todo el mundo.

Pero ¿y si te cuento qué podrías enfocarte en crear promociones y emprender con un pequeño edificio para después poco a poco crear proyectos enormes, me creerías? Como te he venido diciendo durante todo el libro, ni el dinero, ni la experiencia, son los factores determinantes. Aquí vamos a usar dos conceptos fundamentales: «nuestras alianzas» y «nuestros conocimientos».

Existen varias formas de crear un proyecto de construcción sin endeudarte, pero la más conocida es la gestión de «cooperativas». No quiero que creas que es coser y cantar, pero al igual que en todo lo que te voy mostrando, con un poco de práctica, confianza y paciencia podrás crear tu pequeño proyecto para después lanzarte a algunos más importantes.

Coopera

Las cooperativas son proyectos de viviendas donde un gestor consigue un suelo o edificio, crea un proyecto a futuro con un equipo de arquitectos, ingenieros técnicos y abogados urbanistas para después buscar a través de comercializadoras al colectivo de compradores que se convertirán en los cooperativistas que están interesados en crear o ejecutar el proyecto. Así, finalmente se logra reunir el capital inicial para comprar el suelo, conseguir posteriormente el crédito con las entidades bancarias y construir el proyecto.

El margen de ganancias de un gestor de cooperativas por lo general esta entre un 6 % y 15 %, muy inferior al margen de un promotor, al igual que los costes financieros y fiscales de la operación y sus riesgos, que se disminuyen, por lo que las hace muy atractivas para el consumidor, además de permitirles interactuar en el proyecto personalizando alguna de sus partes e interviniendo en las decisiones significativas.

¿Cómo puedes iniciarte a lanzar tu cooperativa como gestor?

Los dos pilares que la sostienen son la «creación del colectivo» y el «acuerdo con el dueño del suelo». Quien controla la demanda y crea un colectivo previo tiene más de la mitad del trabajo realizado, el siguiente paso es ubicar un suelo urbano en las mejores condiciones con una propiedad que nos permita realizar una opción de compra sobre el mismo con una prima igual o lo más cercana a cero posible y por un plazo mínimo de entre 6 y 12 meses (el tiempo es determinante, sobre todo en el caso de no tener una demanda o colectivo previo). De esta forma logramos originar un negocio sin apenas recursos más allá de los costes de gestión y los arquitectos con los que hemos contado, que en algún caso también es posible contar a éxito con ellos.

Una vez que tengas el colectivo creado y el proyecto a ejecutar, deberás realizar la sociedad cooperativa ante notario con sus estatutos.

Imagino que tu mente ya está creando o pensando cómo iniciar los pasos necesarios para llevar a cabo un proyecto de este tipo. Si es así, enhorabuena, tienes una mente preparada para el progreso. Si de lo contrario empezaste a pensar en las dificultades, los riesgos, en lo complicado que puede ser o en que no estas preparado, tranquilo, solo tienes que entrenar más tu mente para reeducarla para aceptar la prosperidad.

Un buen consejo de Rad Bradbury: «No pienses. El pensar es el enemigo de la creatividad. Es ser demasiado consciente de uno mismo y ser demasiado consciente de uno mismo es negativo. No puedes intentar hacer cosas. Simplemente debes hacerlas».

Gestiona e innova

En estos momentos se está innovando continuamente en los procesos de creación de edificios, yendo todavía más lejos de las cooperativas y facilitando al consumidor la creación de inmuebles personalizados a costes inferiores a los ya construidos por los promotores, con métodos tecnológicos agiles y económicos.

Te hablo, por ejemplo, de Designable, una *start-up* valenciana en la que tengo la suerte de colaborar como inversor y consultor estratégico y que está revolucionando el sector de la construcción. Designable primero crea la demanda y posteriormente construye los edificios sostenibles a gusto del consumidor que, a través de una app, puede personalizar su futura vivienda con formas cómodas de pagos. Es un proyecto ambicioso que ha suscitado mucha expectación en el sector inmobiliario y que en apenas tres años se ha consagrado como líder en innovación en este ámbito.

Cada día el sector mejora dentro de la era digital y ya tenemos aquí la realidad aumentada como herramienta para ver los inmuebles, tokenización de activos o compras con criptomonedas, inteligencia artificial para conocer los gustos de los consumidores, domótica, o los *bots* capaces de gestionar alquileres y ofrecer servicios de mantenimiento y pagos.

A pesar de todo esto, aún queda mucho recorrido y eso es fascinante en un sector que parecía plano, anticuado y sin opciones de mejora. Ahora, la nueva era está por escribirse y se abre un mundo de posibilidades para personas como tú y yo, con ganas de avanzar, mejorar e innovar.

Capítulo 7: ATRACO AL BANCO

Dale a un hombre un arma y robará un banco, dale un banco y robará el mundo entero.

Juan Gómez-Jurado

Nos va a quitar la casa y no tenemos donde ir. María, madre de tres hijos, entre lágrimas me suspiraba esas palabras que desgraciadamente en los últimos meses había sido la frase más escuchada en mis agencias inmobiliarias. Esta situación se seguiría viviendo en los años venideros a la gran crisis del 2008 donde millones de familias perdieron sus hogares.

María buscaba soluciones inciertas, incluso consuelo, para un problema para el que ni siquiera los profesionales del sector teníamos aún respuesta; tenía que liquidar una deuda de más de 180.000€ sobre un inmueble que en aquel momento había reducido su valor a 90.000€. Fue entonces cuando comencé a realizar las primeras negociaciones de quita de deuda con entidades bancarias.

Seguro que esta historia te ha llamado la atención, incluso habrás conocido casos muy similares. Tenemos una fuerte convicción de que normalmente son las entidades bancarias las que se aprovechan del consumidor para ganar solo ellos; sin embargo, esa visión viene dada porque nos sentimos inferiores frente a los grandes bancos y creemos que no podemos hacer nada en contra de su liderazgo y posición, siendo simples borregos que pagan comisiones y altos intereses para poder consumir, tener inmuebles y llegar hasta el final debiéndoles hasta el último céntimo. Vamos a cambiar esta visión que nos está anclando y no nos permite navegar hacia la libertad financiera.

Las entidades bancarias son empresas que necesitan vender sus productos para mantener sus ingresos y generar negocio, por lo que tú no eres su empleado sino su consumidor. Ese cliente que si no consume créditos o productos del banco dejará de existir.

Obviamente, no te niego que durante años las entidades han aprovechado la necesidad de vivienda o más bien la gran ambición por comprar viviendas que hemos tenido los españoles para vendernos productos bancarios con cláusulas abusivas, grandes tipos de intereses, comisiones desproporcionadas, aprovechando esa situación a su favor y que, cuando en el 2008 se les acabó el chollo, volvimos a rescatarlos, creando incluso una sociedad con dinero público que gestionase sus activos embargados (Sareb).

En países latinoamericanos con gran consumismo y bajos ingresos los banqueros han comprendido qué su gran negocio se encuentra detrás de las tarjetas de crédito con altos intereses de demora pero muy llamativas para todos aquellos consumidores insaciables que no han entendido aún qué endeudarse por caprichos te hace esclavo de los bancos. Pero al fin y al cabo ellos solo dan lo que nosotros necesitamos o más bien les demandamos.

Queremos consumir, queremos ser dueños de nuestros hogares, presumir de coches y muebles, y dar la vuelta al mundo. Y, si no hemos conseguido ingresos suficientes para poder aguantar ese nivel de vida, las entidades solidariamente nos permiten poder comprarlo y pagarlo en supuestos cómodos plazos. Al final, como han invertido gran parte de tu capital en todo eso y se han sobreendeudado, es casi imposible que puedan seguir invirtiendo y fabricar el capital que hubieran necesitado para años más tarde permitirles esos lujos de forma cómoda y segura.

Un buen inversor entiende que los bancos no están para cumplir esos caprichos y que el uso adecuado de las entidades es el de que nos sufraguen nuestras inversiones para que no proporcionen ingresos recurrentes. O sea, usamos a los bancos para crear negocio no para consumir.

Si eres uno de aquellos que pidió su hipoteca para comprar la vivienda donde vive te habrás dado cuenta de que durante años estás pagando una letra al propietario real de tu inmueble, que es la entidad financiera, ya que tiene cargada tu vivienda con una garantía principal del dinero que pediste en el momento de la compra y desde entonces dicha garantía es la dueña del inmueble, por lo tanto, tú eres el arrendatario. Esa vivienda habitual no te está originando ningún negocio, ni te está ahorrando ningún dinero, es un pensamiento que debes quitarte de la cabeza.

Posiblemente, en ese caso, hayas comprometido toda tu capacidad crediticia en un solo inmueble, impidiéndote solicitar nuevos créditos para nuevas inversiones.

Por lo que antes de seguir buscando despreocuparte por el dinero, tendrás que romper las cadenas opresoras a las cuales te sometiste en el minuto que buscaste confort a cambio de cómodas letras.

Durante mi carrera he tenido cientos de clientes que no han podido pagar su hipoteca por dificultades económicas y siempre han actuado como si el banco fuese el culpable y no quisiese ayudarles a solucionar sus dificultades. Es raro que los problemas que tenemos por falta de ingresos, bien por falta de empleo o conocimientos que nos reporten nuevas oportunidades de negocio, directamente las carguemos a las espaldas de aquellos bancos que, cuando sí pudimos afrontar las letras, nos proporcionaron cómodamente nuestros caprichos o viviendas y ahora tratamos de evadir nuestras obligaciones para poder liberarnos de aquellos a quienes le solicitamos en primer lugar.

No voy a entrar en si esto es lícito o menos lícito, porque posiblemente también la entidad te haya sometido a unas condiciones que, por desconocimiento, firmaste y actualmente te esclavizan, por lo que lo mejor es llegar a un punto intermedio de acuerdo para liberarte de ello y comenzar tu nueva historia.

A punta de pistola

Entre las oportunidades que nos vayan surgiendo durante nuestra carrera, muchas de ellas tendrán detrás deudas hipotecarias que posiblemente sus propietarios no puedan asumir; he ahí que ese sea su gran motivo de venta.

En caso de que te interese un inmueble en esa situación, tú les harás una oferta de compra, pero lamentablemente ellos la rechazarán porque deberán más del valor que el inmueble tiene en estos momentos o que es interesante para ti como inversor, por lo que al final entramos en una rueda con poca salida. Solución a esto: la «quita de deuda».

Vamos a atracar el banco aprovechando su punto más débil. Durante muchos años la entidad ha cobrado sus intereses debidamente y en estos momentos se encuentra con un deudor que, si tiene más de doce meses de impago, obliga al banco a reservar la misma cantidad de dinero que entregó y enviarla al Banco de España como garantía de un posible impago, con lo cual las entidades bancarias siempre son reacias tanto a las ejecuciones hipotecarias como a llegar a términos judiciales.

Obviamente esta información no nos la enseñan cuando salimos de la universidad o del instituto y creemos que una vez que no pagamos nos van a embargar y subastar nuestro inmueble y, encima, nos quedaremos con deudas. Sin embargo, esto está muy lejos de la realidad porque las entidades bancarias lo que realmente quieren es eliminar la deuda o el compromiso y riesgo que tienen ahora mismo contigo, no quieren tu vivienda ni mucho menos quieren subastarla.

La gran mayoría de deudores se esconden de sus deberes y evitan contestar a la entidad, no reciben los burofaxes, alargan el plazo, hacen pequeñas artimañas que creen que los salvará, pero no se puede tapar el sol con un dedo. Tarde o temprano los bancos ejecutarán forzosamente ya que no han sido capaces de llegar a un acuerdo beneficioso contigo.

Como anécdota, en el año 2010 la PAH (Plataforma de Afectados por las Hipotecas) se encontraba en campaña activa contra las entidades y su recomendación a los afectados era evitar llegar a cualquier acuerdo, aunque ello supusiese perder la vivienda o quedar embargados.

Venía siendo como un «Patria o muerte», grito comunista de lucha contra la supuesta opresión. La intención era forzar a las entidades y que cediesen en las daciones en pago. El desenlace fue que muchos acabaron embargados y pocos con dación en pago.

En esa época, propuse a la plataforma que me permitiesen llegar a acuerdos con las entidades para liberar de deudas a los afectados a cambio de comprar sus viviendas. Iluso de mí. Obviamente me echaron a patadas a grito de especulador. Solo algunos que vieron en mí una solución evitaron el embargo y el desahucio; el resto siguió con su lucha anticapitalista. No estaría de más recordarles que si llegaron a disfrutar de un hogar fue justamente porque una entidad se arriesgó en financiarlos.

Como inversor, cada vez que me encuentro con un propietario que tiene más deuda de lo que a mí me interesa comprar veo en ello una oportunidad donde ambos podemos salir beneficiados. La primera oferta que le realizo normalmente será denegada debido a que su deuda es mayor y ahí es cuando entra la segunda negociación: «Querido vendedor, en caso de que yo negocie con tu banco y te libere la totalidad de la deuda, ¿me lo venderías a cualquier precio?»

El vendedor puede que con un pequeño remanente tenga suficiente, con lo cual podrás darle una cantidad pequeña que no eleve en exceso tu gasto, pero que le ayude a decidirse. Recuerda que la otra solución es mantenerse en impago hasta esperar a que su verdugo lo ejecute en subasta con impredecible final.

MÉTODO LEAN INVERSIÓN INMOBILIARIA

Vamos a imaginar que tras nuestro estudio aceptamos comprarla por 100 000 € y tiene una deuda de 150 000 € con la entidad. El vendedor acepta que con 3 000€ que le queden a su disposición es suficiente mientras no mantenga más deuda.

Con nuestra oferta de 100 000 € nos dirigiríamos al banco y le ofreceríamos a la entidad la quita de deuda por valor de 100 000 € menos los costes de las deudas adyacentes a la vivienda que especificaremos más adelante. El banco estudiará nuestra oferta, nos podrá pedir una tasación y un resumen de los otros gastos que se han de descontar para entender cuál es el valor final que recibirán.

Bien, en un caso así, solicita la tasación a alguno de tus aliados tasadores intentando controlar al máximo el precio. Realiza un informe de valoración junto a tu oferta en firme con dinero de señal entregado y los datos de las deudas que el propietario tiene con el banco, así como las dificultades económicas por las que está pasando y un informe económico completo del deudor. Cuanto más complicado vea la entidad bancaria ejecutar el embargo de manera satisfactoria, más fácil es que tenga en cuenta un acuerdo de quita de deuda. Igualmente, para ellos, lo que no son cuentas son cuentos. Si durante un largo periodo han cobrado intereses y en estos momentos tienen una deuda, lo más sencillo es llegar a un acuerdo en vez de montarse en un proceso judicial largo y costoso, aparte de una futura desocupación del inmueble, por lo que si planteamos bien esta quita conseguiremos ahorros de entre el 50 y 60 % del valor del inmueble aproximadamente.

Siguiendo el ejemplo y para que conozcas las deudas más comunes que encontrarás, te realizo un supuesto que quedaría algo similar a esto:

Deuda bancaria: 150 000 €

Precio de compra: 100 000 €

Deudas que descontar:

Impuestos pendientes: 2 000 €

Comunidad de propietarios: 3 000 €

Agencia inmobiliaria: 5 000 €

Plusvalía*: 1 500 €

IRPF* (incremento patrimonial): 2 000 €

Cancelación notarial y registral de la carga: 450 €

Dinero para el vendedor: 3 000 €

Resultado para cancelar la hipoteca del banco: 83 050 €. Esta cantidad es la que la entidad debe aceptarnos.

*No siempre habrá deudas de agencias inmobiliarias, IRPF, plusvalía, IBI o comunidad de propietarios; puede que solo deba la hipoteca.

Como ves, estamos solicitando una quita de deuda de casi un 45 %, perdonando al deudor el resto; unos 66 950 € y, aunque te parezca extraño, se dan con cierta facilidad. Es importante estar al corriente de que una entidad solo evaluaría un caso así, si realmente el valor de tasación se acerca a los 100 000 € y si las condiciones económicas del deudor impiden que la entidad pueda tener opciones de cobrar en poco tiempo. Si el banco encuentra otras variables a las que aferrarse, como un aval, será más complicado pero no imposible.

Lo que está claro es que es una fórmula en la que ambas partes salen beneficiadas. Una vez tengamos el documento del banco en el que acepta la quita de deuda, podremos decidir si comprar o cedérselo a un tercero con beneficios, pero teniendo en cuenta que la entidad va a exigir habitualmente que el valor de escrituración del inmueble sea el mismo al cual se propuso en la compraventa, por lo que la sesión solo se podrá realizar con previa compra y posterior venta.

Aspectos para tener en cuenta:

Invierte en un tasador privado. No permitas que la entidad envíe a su propio tasador, ya que si controlas la tasación también podrás controlar el precio y trasladar dicha tasación al banco y solicitar la quita partiendo del precio tasado por *tu* profesional. Esa tasación tendrá un coste. Si es posible, que sea el vendedor quien lo abone para evitarte riesgos. A veces es mejor dejar fuera del precio ofrecido el dinero que se llevará el propietario, ya que la entidad puede desechar que el propietario tenga alguna ganancia de esta operación.

¿Recuerdas a María?

Te tengo buenas noticias. Ella y su familia pudieron, gracias a mi intervención, vender y poder seguir su vida sin arrastrar ninguna deuda. En 2020 volvieron a comprar.

Si tú o un conocido estáis en un caso similar o cualquier otro que haga necesaria la venta de un inmueble, en URBEi podemos comprarlo.

Te dejo el enlace:

https://urbei.net/book-vender

Subrogación por las buenas o por las malas

¿Es posible comprar una vivienda con una hipoteca vigente?

De entrada, lo que todos solemos creer es que para comprar una vivienda debe estar libre de cargas. Nada más lejos de la realidad. Tampoco creas que los notarios te impedirán que compres una vivienda con carga. La obligación de un notario es informar de los riesgos que conlleva la compra, pero nunca negar la libre disposición de cada una de las partes, siempre que no se incurra en contradicciones legales al derecho hipotecario o Código Civil, o a cualquier otra norma relativa al sector inmobiliario.

Por lo que si no tenemos suficiente dinero para acudir a la entidad o todavía no tenemos un historial crediticio que nos garantice una hipoteca, podemos optar por la «subrogación».

La subrogación más tradicional y conocida es la que realizamos cuando, antes de la compra, acudimos a la entidad bancaria, entregamos la documentación de nuestra capacidad crediticia y solicitamos que nos subroguen a la hipoteca del deudor actual para posteriormente poder llevar a cabo la compraventa. Este trámite se realizará en notaría y será el mismo día que se realice la compraventa, donde el apoderado de la entidad bancaria se personará para subrogarte al crédito y posteriormente, la parte vendedora, aceptará la venta ante notario por el precio acordado. Si el precio de compra se realiza por el mismo importe de la deuda no deberemos abonar ningún pago extraordinario salvo los gastos de compra notariales, registrales y fiscales.

No obstante, nada te impide realizar una subrogación sin necesidad de que la entidad bancaria autorice el cambio de titular. Podrás presentarte ante notario con el vendedor y ambos realizar la venta del inmueble y la subrogación no novatoria de la hipoteca.

¿Qué quiere decir esto?

Quiere decir que estás comprando un inmueble con una carga que pertenece a un deudor diferente al propietario y lo más normal es que este deudor quiera eliminar esa carga de su CIRBE[16], con lo cual, posteriormente a la compraventa de notario, deberás dirigirte a la entidad bancaria para obligarles a la subrogación de hipoteca ya que la posesión del inmueble ha cambiado de manos.

La hipoteca sigue vigente, pero el propietario del inmueble y de la deuda es otro y podemos hacer entender a la entidad que su capacidad de solicitar una ejecución hipotecaria por impago se acaba de ver disminuida y que la mejor fórmula es cambiar el titular de la deuda para seguridad de todas las partes. Una vez que la entidad ha cobrado las tres primeras cuota al nuevo propietario se da por realizado, de forma tácita, el cambio de deudor y podrás obligar a la entidad bancaria a subrogarte a la hipoteca que recae sobre tu nueva vivienda.

Esto último lo puedes realizar abonando las cuotas en la cuenta de la hipoteca, no la asociada a la misma en la que la entidad todos los meses gira el abono al deudor, sino la cuenta matriz del préstamo hipotecario.

Te estarás preguntando, ¿por qué no es más habitual esta fórmula y se sigue solamente la primera?

Esto es fácil de entender. Muchos de esos deudores están en situación de impago y, por una cantidad de dinero aceptable, no tienen inconvenientes en decidirse por la operación de subrogación no novatoria, ya que las entidades, en la gran mayoría de los casos, les ponen impedimentos para poder llegar a acuerdos justos que les permitan la venta de su vivienda sin tener pérdidas.

Es una solución bastante simple y muy cómoda tanto para el vendedor como para el comprador. Lo único que hay que tener es paciencia posterior a la compraventa para obligar a la entidad bancaria a subrogar al nuevo propietario.

El truco está en no notificar a la entidad hasta haber abierto una cuenta bancaria en la misma. Si es posible, hazla conjunta con el deudor anterior y que sea él quien solicite el cambio de domiciliación de las cuotas de la hipoteca a la nueva cuenta. Una vez abierta, abona las cuotas desde allí. Posteriormente, que el otro titular salga de la cuenta, dejándote solo en ella. Esto provocará, de manera obligatoria, el cambio de titularidad de la hipoteca tras seis meses de pagos realizados por tu parte.

¿Se pueden negar?

Por poder, pueden intentarlo. Si llega el caso, (aún no me ha ocurrido) abona inicialmente las cuotas en la cuenta de la hipoteca y si mantienen la negativa, solicita al juzgado ingresar las cantidades que no te quieren recibir en una cuenta del juzgado para que quede constancia que sigues en disposición de pago pero la entidad se niega. Por burofax notifica a la entidad que disponen de ese dinero en la cuenta judicial.

¿Te imaginas en el juicio cuando le digan al juez que están ejecutando una hipoteca sobre un inmueble por impago porque se niegan a cobrar al nuevo propietario aun teniendo el dinero a disposición y una escritura notarial que confirma que se hacía cargo de dicha deuda?

Todavía no he tenido que llegar a esos extremos, pero debe ser un espectáculo escuchar al magistrado reírse a carcajadas.

Capítulo 8: CAMBIOS POSITIVOS

Ante los cambios, la buena suerte está a favor de los que se atreven.

Distintos usos

El negocio del ladrillo, hasta la actualidad, ha carecido de extrema innovación o, diría, que ha sufrido de poca creatividad. Sin embargo, de una temporada hasta aquí, nuevos modelos de negocio se están abriendo camino y haciendo mucho ruido. Uno de ellos es el de «cambio de uso».

El procedimiento es sencillo de entender: son todos aquellos activos a los cuales, al cambiarles su uso actual, se pueden hacer mucho más rentables, como por ejemplo, locales que se convierten en trasteros u oficinas que se convierten en viviendas. Si es viable, y además rentable, debemos hacerlo.

¿Qué cosas deberías tener en cuenta a la hora de realizar un cambio?

Para esta parte he creído conveniente contar con Alejandro Jiménez, arquitecto y amigo que te puede informar mejor de lo que debes tener en consideración para realizar un proyecto de este tipo.

Lo primero y más importante es revisar la normativa municipal. En España cada municipio tiene su propia normativa urbanística, algunas más laxas y otras más exigentes. Esto complica gravemente que alguien conozca con propiedad cada normativa, por lo que es conveniente, siempre acompañado de un técnico local (arquitecto o aparejador), que conozca muy bien las ordenanzas de ese municipio. Dicho esto, lo primero que te sugiero es que te asesores e informes adecuadamente en urbanismo de tu municipio de qué condiciones debe tener un inmueble para ser cambiado de uso.

El caso más común es el de los locales o comercios que cambiamos a vivienda. Este proyecto de edificación debe cumplir con todos los requisitos de una vivienda nueva, a saber:

- Plan General de Ordenación Urbana (PGOU). Nivel municipal.
- Normativa de Habitabilidad. Nivel autonómico.
- Código Técnico de la Edificación (CTE). Nivel estatal.

Como ejemplo de las características más habituales que tienen que cumplir estos proyectos, podemos citar que las viviendas resultantes sean exteriores, que tengan una fachada mínima (generalmente de 3 metros), que tengan unas dimensiones mínimas (en general, 25 m^2 para viviendas tipo *loft* y 38 m^2 para viviendas con al menos un dormitorio), que estén lo suficientemente ventiladas e iluminadas, etc.

Además de eso, la mayoría de los municipios exigen que se verifique la densidad urbanística de habitantes por metro cuadrado, impidiendo cualquier cambio de uso de local a vivienda en caso de que la densidad sea mayor a la permitida.

Si incumples las normas, no te darán la licencia de cambio de uso y tampoco la primera ocupación que te permitirá inscribir la vivienda en el Registro de la Propiedad.

No obstante, si realizas el cambio de uso físico, quiere decir que haces la obra pero no realizas el cambio de uso registral y urbanístico. Podrás realizar el mismo cinco años posterior a haber realizado de forma fehaciente el cambio físico. Esto quiere decir que has tenido que dejar constancia de que ese cambio se realizó cinco años antes. Esto puedes hacerlo bien con una tasación o un certificado de un técnico.

Con la crisis actual de los *retail* es fácil encontrar locales a precios bajos con muchas posibilidades. Una obra de cambio de uso puede rondar unos 400 a 500 € el metro cuadrado (dependiendo de la zona de España).

Es fácil, que con estos números, podamos revender el mismo inmueble por un retorno de más de un 30 % de ROI. El escollo con el que hay que contar es con la temida Administración pública que podrá demorar nuestro sueño de cambio de uso durante seis meses a un año. Este inconveniente también se da en la construcción y promoción de obra nueva, por lo que los promotores debemos tener en consideración tales plazos para realizar los estudios de viabilidad antes de ejecutar un proyecto o solicitar un préstamo.

Estudia bien los locales con mayor altura, como pueden ser oficinas que suelen tener mejor salida después como vivienda, y cuenta conjuntamente en tu estudio de viabilidad con ese margen de tiempo que te he advertido anteriormente. Aun así, como puedes comprobar, el retorno es bastante generoso.

Divide y vencerás

Esta frase se le atribuye al político y militar romana Julio César: «Divide e impera», más tarde traducida a «Divide y vencerás». Aunque no está del todo claro quién fue quien la dijo, sí sabemos que tiene más razón que un santo.

Para poder sacar alta rentabilidad a veces tenemos que irnos a la división del activo. A más unidades, más rentabilidad. El caso más fácil de entender es el de los *colivings*, esa fórmula tan novedosa que ha hecho que le saquemos una alta rentabilidad a los inmuebles.

El *coliving* o *cohousing* es un ejemplo de las nuevas tendencias de formas de vivir que están desarrollando, sobre todo, los *millennials* que buscan poder residir en distintos lugares sin apenas compromiso y manteniendo su parte más social mediante el uso compartido de espacios.

Esto ha hecho que los inversores, atentos a las nuevas tendencias, mejoren sus modelos de negocio y enfoquen las nuevas construcciones y los cambios de uso a esta forma de vivir.

Para poner un ejemplo concreto, una vivienda de 130 m^2 con tres dormitorios y dos baños puede ser fácilmente dividida en hasta seis o siete habitaciones con tres baños y multiplicar su rentabilidad x 3.

Para poder realizar un estudio de viabilidad de este tipo tenemos que contar con la financiación y, lo más importante, con la demanda. Si existe interés de *colivings* en la zona entonces podemos desarrollar nuestro modelo de negocio.

Con el Modelo Lean Inmobiliario puedes generar esa oferta habitacional con *renders* y promocionarla para realizar un estudio realista del interés generado. Según mi experiencia, no se trata de realizar habitaciones cutres sin ningún espacio compartido o sin ningún servicio a nuestros nuevos inquilinos, basándonos más bien en un alquiler por habitación que en el modelo de *coliving,* pero ahí va a estar tu fórmula de hacer negocio y lo que decidas va a ir con base en tu propósito.

Mi consejo es que seas lo más profesional posible e intentes, por todos los medios, que los inquilinos se sientan en un hogar con las características de un *coliving*.

Para bajarlo a números, podemos hacer una cuenta bastante sencilla. Una vivienda de 130 m^2 en una zona universitaria puede rondar unos 800 € de media. Sin embargo, el alquiler por habitación puede fácilmente superar los 380 €. Si tenemos un apartamento o *coliving* con seis habitaciones solo tienes que saber multiplicar para entender que el rendimiento es altísimo: 380 € x 8 habitaciones = 2280 €.

Entrando un poco en el modelo de negocio anterior, con los cambios de uso, podemos tropezar con grandes locales abandonados con rentas muy bajas que con un poco de cariño se pueden convertir en espacios fantásticos donde los *millennials,* o todo aquel que busque relacionarse y mantener una vida más dinámica, podrá encontrar espacios de apartamentos con baños compartidos (tipo gimnasio), zonas de almacenaje, lavandería y servicios alternativos como limpieza, wifi, máquinas expendedoras, acuerdos con servicios de restauraciones cercanos y todas las comodidades que una persona agradece cuando comparte un inmueble.

Tras la crisis del COVID-19 hubo dudas sobre si este modelo de negocio iba a mantenerse o desaparecer; sin embargo, los estudios han verificado que la demanda para *coliving* o residencia de alumnos, inclusive, se ha multiplicado.

Dándole una vuelta más al modelo de viviendas compartidas, hice una inmersión y estudio en otras fórmulas alternativas que fueran más rentables y en este camino me encontré con las «capsules *rooms*»; es decir, habitaciones pequeñas fabricadas en China, modelo cápsulas insonorizadas, donde tienes televisión, aire acondicionado, acceso a wifi, caja fuerte y el resto de espacios lo compartes con otros compañeros, hasta ocho en una habitación de 50 m, cada uno manteniendo su privacidad.

Se trata de una fórmula que realmente ha sido inventada para un turista de paso; sin embargo, este tipo de procedimiento habitacional se ha convertido en un modelo opcional para media duración debido a su bajo coste, a su comodidad y su privacidad.

Los mejores espacios de cápsula cuentan con lavandería, duchas y baños compartidos, separados por género, comedor, cocina, sala de estudios o juegos, y coworking. Lo mejor es el coste de cada cápsula: no supera los 2500 €, instalación incluida. Cada cápsula puede ser alquilada, dependiendo de la zona, por una media de 35 € diarios y ocupa una superficie de apenas 5 m^2, por lo que multiplican la rentabilidad de cualquier proyecto.

En el siguiente capítulo te explicaré cómo gestionar este tipo de proyectos para sacarle la mayor rentabilidad, pero aquí quiero que te quedes con la idea de que dividir un inmueble es bastante fácil y económico: prácticamente se trata de pladur, insonorización y detalles de calidad para generar espacios atractivos. Cuanto más divisible sea un inmueble, más rentabilidad generarás.

En el caso de no querer o de que no sea atractiva la idea de los *colivings* en tu zona, la división puede realizarse en viviendas independientes.

Tanto locales, como grandes chalets son convertidos en pequeñas viviendas independientes haciéndolas más rentables en su venta o explotación.

Capítulo 9: *BUY/BUILD TO RENT*

Con lo que me cobran por tener el dinero en el banco, no me ha quedado más opción que construir para alquilar.

Un buen amigo constructor

Recurrente de bajo riesgo

Uno de los procedimientos más conocidos para rentabilizar un inmueble es la «compra o construcción para el alquiler». Existe demanda masiva de viviendas de alquiler haciendo que promotores, fondos de inversión y *family offices* pongan su mira en el *build* o *buy to rent*[17]. O que, inclusive, hoteles que han sufrido la falta de turistas comiencen a pivotar su modelo de negocio y a plantear nuevas soluciones, como rentabilizar por largas temporadas sus habitaciones sin ir a merced de los ciclos turísticos.

Al igual que con las hipotecas, los fondos y bancos, conocen bien que el primer pago al que se destinan las nóminas de los consumidores es a satisfacer el de la vivienda habitual, por lo que se entiende que el alquiler de larga duración suele ser un recurrente de bajo riesgo.

Para ser más claro: en caso de deber tarjetas de crédito o préstamos al consumidor, preferimos pagar nuestro techo para mantener la falsa seguridad de que al menos tenemos donde vivir, independientemente de que estemos pasando por una crisis financiera.

Desgraciadamente, el derecho a la propiedad se está manipulando, dando por hecho de que no existe ninguna obligación para disfrutar de una vivienda y que la ocupación ilegal es una vía justa. Por lo que esa inseguridad jurídica ha puesto en duda el riesgo en la compra o la construcción para alquiler. Aun así, los porcentajes de impago son muy inferiores al de otros modelos de inversión.

Hay un método para entender lo atractivo que puede llegar a hacer la compra o construcción para el alquiler. Si tenemos un inversor interesado en ganar un ROI del 10 % anual bruto y tenemos un inmueble que renta 10 000 € anuales, el valor de este inmueble para este inversor será de 100 000 €. Sin embargo, el mismo inmueble para un inversor más conformista que quiera un ROI del 5 %, tendrá un valor de 200 000 €. Y si otro inversor, viendo las dificultades para encontrar tipos de intereses positivos y el coste actual de mantener el dinero en las entidades bancarias, se conforma con un 2,5 de ROI, el mismo inmueble, sin ningún cambio, ya tendría un valor de 400 000 €.

Rentabiliza a lo grande

¿Pero es necesario comprar o construir para tener este tipo de recurrente?

Pues esto es lo mejor: no es necesario. La receta es el «subarriendo» o «alquilar para alquilar» (rent to rent en inglés). Con mi grupo de alumnos de ABTG hemos conseguido realizar subarriendos que generan ingresos tremendamente atractivos gracias a consejos como los que te estoy dando en este libro. El proceso es muy fácil de entender.

Alquilas un inmueble, realizas las modificaciones oportunas para poder rentabilizarlo, acuerdas un plazo largo, de 5 a 10 años, ya que cuanto mayor sea el plazo del alquiler mayor retorno. Posteriormente, lo subarriendas con la idea de obtener un porcentaje de ganancias con un riesgo bajo y con un ROE altísimo. Un ejemplo clásico es el arriendo de inmuebles para posterior realización de *colivings*, donde podemos pagar anualmente 10 000 € de arrendamiento y multiplicar este alquiler por 2,5 para obtener unos 15 000 € anuales de beneficios brutos.

Este tipo de negocio se puede realizar también con actividades, como restaurantes u otros comercios, donde la empresa explotadora te paga a ti como subarrendador y tú pagas al propietario del inmueble que se desvincula y minimiza sus riesgos.

Hay una falsa creencia sobre que existe una ley que indica que no se pueden subarrendar inmuebles y también una idea equivocada sobre que es complejo que alguien te permita el subarriendo. Existen cientos de viviendas en mal estado en las que el propietario, a cambio de las reformas y manteniendo un pago anual sobre el arrendamiento, no tendrá inconveniente en cederte su explotación arrendaticia y, cuando conozcas los pormenores, la legalidad y los contratos que existen, te darás cuenta de que existe una seguridad jurídica que hace un negocio *win to win* excepcional para este tipo de alquileres, y que elimina cualquier duda al arrendatario principal o propietario del inmueble sobre la explotación con subarriendo del mismo.

Estamos creando un negocio dentro de una vivienda o un local para su posterior subarriendo: este es el concepto y el enfoque que debes tener. No se trata de un particular que simplemente quiere vivir gratis, sino de un inversor que entiende y valora al máximo la rentabilidad de este tipo de negocios y controla los riesgos y la legalidad que los rodea.

En el siguiente apartado te explicaré cómo gestionarlos adecuadamente para que te sean lo más rentable posible, sin meterte en un atolladero.

El mejor lugar

El valor del negocio inmobiliario suele darse con más facilidad si nos preocupamos por las tres L: «localización, localización, localización». En el negocio del subarriendo esto se mantiene, ya que va a depender del valor o plusvalía que le puedas dar a un inmueble para poder sacarle a tu rentabilidad el porcentaje diferencial que te permita abonar los costes del alquiler, el mantenimiento y recuperar tu inversión inicial y a la vez dejar una rentabilidad aceptable.

También es cierto que no necesitamos exclusivamente zonas *prime*, pero sí donde exista una alta demanda de arrendatarios. En caso de realizar un subarriendo enfocado en el alquiler vacacional, necesitarás inmuebles localizados en zonas de alto interés turístico o si quieres optar por un *coliving* las zonas más llamativas son las aledañas a las universidades o zonas de negocios como parques tecnológicos, centros de capitales y superficies comerciales.

Cortejo

Como te he comentado antes, no es difícil convencer a un propietario de un inmueble a realizar un negocio de este tipo. Solo es cuestión de práctica y de capacidad para saber comunicar que eres una solución perfecta que elimina o disminuye riesgos.

Existen empresas dedicadas exclusivamente a esta explotación de inmuebles para su posterior alquiler, con un parque de miles de viviendas subarrendadas, por lo que el negocio está más que consolidado y ya forma parte en muchas ciudades como una alternativa sencilla para los propietarios temerosos de los cambios jurídicos o sociales que se están produciendo y que prefieren tener más tranquilidad que perjuicios, delegando el alquiler de inmuebles a empresas especializadas que sacan altas rentabilidades pero que pagan de forma justa y segura.

Te propongo que lo presentes de esta forma y no intentes realizarlo solo exclusivamente de forma particular, como un novato, por lo que, en tu carta de presentación debes exponer el objetivo y solucionar los miedos del arrendador.

Capítulo 10: UNA VIDA HOTELERA

A menos que tengas un nivel de satisfacción

entre tus clientes del 100%, debes mejorar.

Horst Schulze,

antiguo presidente de los hoteles Ritz Carlton

Colivings

En «Divide y vencerás» hablamos de las soluciones existentes para rentabilizar un inmueble dividiéndolo en unidades más pequeñas y alquilándolos con el modelo del *coliving*.

Hay que valorar que este tipo de inversión te va a demandar un consumo significativo de horas si no lo digitalizas al máximo y delegas servicios y funcionamiento del inmueble en terceras empresas que te ayuden en la gestión del mismo, ya que tu intención como inversor será duplicar y replicar tu negocio tantas veces como te sea posible, adquiriendo el máximo número de contratos arrendaticios para la explotación en *colivings* o creando el mayor número de habitaciones para realizar un negocio estable y duradero.

La gestión de este negocio es lo que debe consumirte más recursos. Entre los instrumentos tecnológicos tenemos las apps móviles de contratación de habitaciones, los *channel manager*[18] y las cerraduras inteligentes, que nos permitirán poder controlar el acceso al inmueble y el alquiler de los mismos sin necesidad de trasladarte o invertir tu tiempo en ello. No obstante, de momento, el primer filtro de inquilinos para larga duración de los *colivings* deberá ser pasado manualmente e inspeccionado minuciosamente para no tener problemas de impagos. Esto no quita que gracias a la tecnología podamos ir desarrollando un modelo de gestión alternativa que evalúe al inquilino y nos proporcione menos riesgo; inclusive, que nos permita, a través de las aseguradoras, realizar esta gestión, aunque delegando.

Dentro de los *colivings*, una de las partes fundamentales son los estatutos comunitarios que van a dirigir la convivencia dentro de nuestros apartamentos y que mantendrán el equilibrio dentro del mismo, evitando una huida de inquilinos rechazados por un ocupante antisocial, por ejemplo. En los contratos se deberán especificar, de forma clara y estricta, las penalizaciones que se pueden producir por motivos de insalubridad, daños a terceros, perjuicios en el edificio, ruidos o molestias y, obviamente, el plazo de impagos. Te pido que dentro del modelo de digitalización de tu espacio cuentes con un pago por tarjeta de crédito, con el que sea bastante complejo rechazar el abono del mismo y donde se te permita realizar cargos adicionales por los conceptos que hemos hablado anteriormente, evitándote así trabas mayores y pudiendo facturar al inquilino en cualquier momento desde su tarjeta sin tener consentimiento posterior a la firma del contrato.

Como verás, digitalizando los procesos logramos disminuir las posibilidades de impago de los inquilinos que nos generen perjuicios.

Para terminar, deberás encomendar algunos servicios como mantenimiento o limpieza al igual que entregar servicios adicionales que te puedan proporcionar nuevos ingresos recurrentes gracias a tus inquilinos, dejándote un margen por cada venta, como puede ser la restauración, la lavandería, el transporte, los acuerdos con comercios cercanos o cualquier servicio externo.

¿Cómo puedes comenzar ha realizarlo sin mucho capital?

Esta estrategia se centra en maximizar el retorno de la inversión mediante el alquiler por habitaciones, dando al inversor la garantía del inmueble ya que el sería el nuevo propietario.

Me explico mejor:

Al invertir en la propiedad inmobiliaria que ofreces, el capital del inversor queda garantizado por el activo inmobiliario. Como administrador y. generador. Del proyecto, obtienes una comisión por la venta del inmueble, que luego además alquilarás por habitaciones, aumentando así la rentabilidad que va entre el 15% y 20% de media. Cada mes, el inversor te pagará un porcentaje. como tarifa de gestión, lo cual es atractivo para ellos, ya que les asegura una rentabilidad garantizada por el alquiler que tú gestionas y. que en muchos casos para un inversor pasivo con un porcentaje anual garantizado de entre un 5 %y 7% es más que suficiente. Este enfoque ofrece varias ventajas: maximiza los ingresos de alquiler, diversifica el riesgo entre varios inquilinos y proporciona una fuente de ingresos constante y segura para el inversor, pero sobre todo para ti como gestor y administrador de la propiedad permitiéndote recibir los honorarios de la compra y las rentas por gestión.

En URBEi tenemos cientos de inversores dispuestos a invertir en este tipo de proyectos ¿te gustaría ofrecérselo?

https://urbei.net/book-asociarse

El turista

Hasta ahora nos hemos fijado en un inquilino de larga duración y hemos obviado el negocio que existe en el turismo.

En la última década el alquiler turístico ligado a plataformas como Airbnb o Booking ha multiplicado las opciones de rentabilidad de este tipo de negocios, no a salvo de riesgos, pero sí tremendamente rentables en situaciones de mercados alcistas, donde el turista visita y busca entornos más tranquilos e independientes, evitando las aglomeraciones hoteleras y pudiendo disfrutar un inmueble en familia o incluso con varios amigos.

Al igual que comentábamos antes, el inconveniente de este tipo de negocios es la gestión, pero siguiendo los pasos que hemos verificado en el punto anterior, no tendrás ningún problema para poder gestionar tu cartera inicial de inmuebles turísticos con un alto rendimiento, teniendo en cuenta que ya existen opciones de CRM[19] que te permiten publicar tu inmueble en los distintos portales, realizar los *check in* y *check out* sin necesidad de estar atento a los calendarios y pudiendo mantener más de 80 % de ocupación en las temporadas altas.

Además, en el sector turístico, la venta de servicios alternativos (las patatas para el McDonald's) son mucho mayores que en el sector del *coliving,* ya que el turista carece de información y busca disfrutar en un corto periodo al máximo, sin preocuparse, por lo que la venta de actividades como paseos turísticos, alquiler de transporte, deportes o ejercicio al aire libre, actividades culturales, lavandería, limpieza, pueden generarte ingresos mayores en las temporadas altas y medias, y en la temporada baja siempre podrás pivotar tu modelo de negocio hacia un inquilino de corto plazo que, por motivos laborales, haya tenido que trasladarse durante un plazo no superior a 3 meses para no perder ninguna oportunidad de negocio en las temporadas vacacionales.

Aunque si tu inmueble inversión cumple la máxima inmobiliaria: localización, localización y localización, no tendrás ninguna dificultad para mantener un alto interés turístico en el mismo.

A pesar de la crisis turística sobrevenida por el COVID19, muchas de esas viviendas anteriormente alquiladas turísticamente han pivotado precipitadamente a un alquiler de larga duración creyendo que el turismo iba a ser una difícil fuente de ingresos. No obstante, como se ha podido comprobar, el turismo, a pesar de las restricciones, ha mantenido su interés aún mayor por las viviendas turísticas, alejándose aún más de los hoteles, los cuales sí han sufrido enormemente las pérdidas de este tipo de turista. Ten en cuenta que si te enfocas y te decides por este tipo de negocio debes también entender que a partir de ese momento tus acciones se centrarán en la gestión de tus apartamentos turísticos hasta que tu volumen sea tan grande que te permita delegar la gestión de este a empresas externas y mantener tus rentabilidades.

MÉTODO LEAN INVERSIÓN INMOBILIARIA

Capítulo 11: HASTA ARRIBA DE DEUDAS

Una frase que repito mucho es que *conociendo los secretos de las inversiones, cuanto más dinero pueda prestarme un banco más dinero les recibiré*. Mucha gente no comprende esta forma de ver las inversiones y creen que el endeudamiento siempre es negativo, pero como hemos ido viendo, todo va a depender de dónde vaya destinado esa cantidad de dinero y el retorno que me genere. Con los tipos de interés actuales, rondando en algunos casos los tipos negativos, sacarles rendimiento a los intereses de una deuda bancaria es extremadamente sencillo.

Asesinato bancario

«El mes pasado compre seis viviendas sin entregar ni un solo euro». Con esta frase comenzaba un conocido youtuber a vender su infoproducto como gancho. ¿Es esto posible?

En el sector nobel de la inversión existen trucos arriesgados con los cuales los nuevos inversores intentan conseguir un atajo para poder crear su primer parque de viviendas lo antes posible.

Uno de ellos es la concesión de hipotecas en distintas entidades bancarias para la compra de distintos inmuebles, todas firmadas y creadas en un mismo mes, lo que impide a las entidades comunicarse entre ellas a través del Banco de España y verificar las deudas que se ha mantenido o se van a crear en ese periodo. Con lo cual el inversor podría, si así lo desea, realizar seis hipotecas en un mismo mes para comprar seis activos para su posterior alquiler o venta.

Desde un punto de vista legal no tiene mayor repercusión posterior. A pesar de esto, es obvio que no es excesivamente ético ya que todo comienza con un engaño a una entidad bancaria para poder endeudarse por encima de las capacidades legales y, si bien esto no le va a traer mayor repercusión, si se ha arriesgado enormemente y lo importante será saber si realmente ha hecho sus deberes y los alquileres o las ventas serán lo suficientemente rentables y estables para no meterse en un buen lío.

El obstáculo actual para realizar este tipo de acciones es que se necesita capital para abonar gastos de compra y difícilmente encontremos cinco o seis entidades diferentes que nos entreguen el 100 % del valor del inmueble, por lo cual, viene el siguiente paso, que es la escrituración por un precio mayor al que realmente estamos comprando.

Si tenemos un inmueble con un valor de 100 000 €, pero con los gastos necesitamos 120 000 €, el truco es informar a la entidad bancaria diciéndole que vas a comprar tu vivienda habitual y que el importe de la misma es de 120 000, en vez de 100 000. Siempre y cuando la tasación sea superior a este precio, el banco te entregará entre el 80 y el 100 % de ese valor, debiendo ajustarte o tener el dinero restante para poder comprar, y esto te propiciará tener un mayor endeudamiento sin necesidad de desvincularte o descapitalizarte de tus ahorros.

La contrariedad radica en que no todas las entidades te van a hipotecar 100 % y si solo te dan el 80 % deberás escriturar por un precio aún mayor. Además, tendrás que convencer al propietario del inmueble de dicha escrituración y no todos pueden hacerlo, ya que escriturar por encima suele conllevar un pago de impuestos superior a no ser que la compra, herencia o posesión del inmueble en algún momento fuera por un valor mayor al de la venta, con lo cual el vendedor no tendrá que pagar incremento patrimonial a pesar de haber escriturado por encima de lo que recibe.

Contrariamente de que te resulte extraño, se realiza mucho más de lo que crees y no hay impedimentos fiscales ni legales para ello ya que, como entenderás, a Hacienda, cuanto más le pagues por comprar un inmueble, mejor. Y solo suelen inspeccionar cuando, a su entender, existe un ahorro de impuestos ilícito. No obstante, con esa práctica se está creando una burbuja de supuesto dinero que nunca ha existido ni ha cambiado de manos, ya que se está escriturando por un precio mayor al de la venta, con lo cual, para entendernos, se genera dinero imaginario que pasa de una mano a otra por el cual se está tributando, pero el cual nunca existió.

Ahora entenderás porque este apartado se titula «Asesinato bancario». Antes de terminar tengo que decirte que esta fórmula de endeudamiento no la aconsejo a ninguno de mis mentorizados, aunque es cierto que no comporta posteriormente muchas repercusiones legales, es poco ético y temerario y, por qué no decirlo, dentro de poco seguramente ilegal.

Tipos interesantes

Desde el año 2018 hasta 2022, el Euribor se ha encontrado con tipos de interés negativos en hipotecas y bajos intereses en tipos de préstamos personales, batiendo récord histórico y ayudando al endeudamiento.

¿Se mantendrá esto para siempre?

Te puedo asegurar a ciencia cierta que no. Veámoslo de una forma diferente a la cotidiana. Tendría unos nueve años cuando escuché a mi abuelo decirle a mi tío, que pensaba en casarse, que se comprara una casa antes. Seguro que esto tú también lo llegaste a oír en algún momento.

Es lógico que un padre que sufrió tanto para tener su hogar le aconseje a su hijo crear uno propio de la forma más segura posible; sin embargo, cada vez que esto sucede acabamos con nuestras opciones a corto plazo de realizar nuevas inversiones.

Uno de los errores más comunes es acostumbrarnos a vivir de los resultados de nuestros esfuerzos laborales, seamos emprendedores o asalariados por cuenta ajena. Lo más lógico es buscar la forma de generar ingresos que produzcan ahorros o apostar por deuda inteligente y que sean esas inversiones las que nos generen la cantidad necesaria para poder disfrutar de una vida menos esclavizada.

Cuando optamos por endeudarnos tenemos que tener claro que los tipos variables van a poder suponer un problema ya que cuando la inflación crece, la solución es la subida de tipos para frenar el consumo, tal y como comentamos al inicio del libro.

Una deuda excesiva o poco rentable a un tipo variable va a limitarnos y nos impedirá liberarnos financieramente.

Con un tipo de interés fijo de un 1%, realizar una inversión que nos entrega una rentabilidad neta de un 5% es una buena inversión, sin embargo, realizar una operación en el mismo escenario pero a tipo variable, en momento inflacionistas, la subida de tipos nos supondrá la pérdida de nuestros ingreso.

Cuentas o cuentos

MÉTODO LEAN INVERSIÓN INMOBILIARIA

A la hora de invertir tenemos que revisar exactamente cuál es el capital que queremos soportar en la operación; esto quiere decir cuánto dinero vamos a poner de nuestro bolsillo y cuánto es el endeudamiento que estamos dispuestos a adquirir. A esto se le denomina *«equity»*.

Muchos inversores entienden que la mejor fórmula es descapitalizarse e invertir todos sus ahorros en inmuebles porque es una solución bastante segura que garantiza una renta media alta. Sin embargo, los buenos inversores entienden que su capital debe estar diversificado y, en el endeudamiento con entidades bancarias, buscan distintas fórmulas de financiación para poder aumentar su patrimonio y, a pesar de que el riesgo es mayor, también sus ganancias y volumen con el mismo capital inicial.

Para bajarte esto a tierra te pongo un ejemplo:

Si tienes 100 000 € ahorrados, la gran mayoría de los inversores poco experimentados los cogerían y comprarían un pequeño apartamento en cualquier lugar para rentarlo en larga duración por una media de unos 6000 € brutos anuales. Esto les reportaría un 6 % más las ganancias de la subida del inmueble a lo largo del tiempo. Sin embargo, las cuentas hay que hacerlas de una manera mucho más profunda y profesional para saber si realmente es rentable o no la compra que estamos realizando y cuánto nos podrían haber rentado esos mismos 100 000 € diversificados en distintas inmuebles.

Ahora imaginemos el mismo escenario pero diversificando en distintas fórmulas de inversión que hemos aprendido.

Pongamos que sobre una vivienda de igual valor realizamos una cesión del compromiso en un año por valor de 20 000 €, coste de reformas incluidos. Posteriormente en otra vivienda de idénticas condiciones realizamos un subarriendo por un coste de otros 20 000 €. Por último, compramos el mismo inmueble en subasta por un. 60% de su valor (60 000 €). Veamos ahora cuál sería el reporte de los mismos 100.000 euros invertidos con las técnicas que te explico en su primer año:

	CESION	SUBARRIENDO	SUBASTA
INVERSIÓN	20.000€	20.000€	60.000€
RETORNO	25.000€	15.000€	6.000€

Como podrás comprobar, el mismo capital invertido (100.000€) de forma diferente genera unos ingresos anuales muy superiores y, en el caso de subarriendo, estos mismos ingresos se podrán mantener durante 7 o 10 años. Sin embargo, si eres más conservador podemos utilizar la siguiente fórmula y el mismo capital de 100 000 € dividido en 4 partes para la compra de 4 activos.

En este caso destinaríamos 25.000€ para sufragar los gastos de la compra y disminuir parte de la financiación de cada una de las cuatro viviendas y el resto lo financiaríamos con hipotecas a tipo de interés de un 1%.

Si dichas viviendas son alquiladas de forma tradicional por un retorno de un 6%, quiere decir que cada inmueble nos rentaría un 5% anual una vez eliminado el tipo de interés del banco o lo que es lo mismo, cada vivienda nos daría 5.000 euros de beneficios anuales. (20.000€ por las cuatro)

Esto, obviamente, solo si no quieres complicarte en demasía ya que en caso de alquileres turísticos o por habitaciones, los ingresos se multiplican por tres.

Como ves, el mismo capital, pero siguiendo distintas opciones, pueden generarte muy diferentes ingresos.

Capítulo 12: MEJOR SOLO QUE MAL ACOMPAÑADO

Aunque al título de este capítulo no le falta razón, también es cierto que en buena compañía todo funciona mucho mejor. En un mercado atomizado y tremendamente competitivo, acompañarnos de personas que confían en nosotros y en las que podamos confiar, supondrá un gran cambio en nuestro modelo de gestión de inversiones y nos dará seguridad y tranquilidad a largo plazo, generándonos también una amplia red de contactos que nos proporcionarán nuevas oportunidades y/o capital suficiente para poder seguir invirtiendo de forma escalada y replicar nuestras inversiones en otras áreas geográficas. Obviamente, siempre que se haga con precaución.

Participa y colabora

Recuerda el principio básico: «No es recomendable tener todos los huevos en la misma cesta». Esta parte te va a mostrar cómo realizar proyectos colaborativos de manera segura y cómo evaluar la participación con otros inversores expertos en la materia que nos ayuden con su *know-how*, su amplia experiencia y su red de contactos, diversificando nuestras fuentes de ingresos y reduciendo riesgos.

Desde el inicio del libro nos hemos fijado en la importancia de mantener una red de contactos colaborativa para que podamos realizar negocios conjuntos y donde el fin sea siempre el retorno de la inversión, participando todos en porcentajes, dependiendo del negocio que vayamos a realizar. Asimismo, no aconsejo entrar en inversiones sin antes haber realizado un buen estudio y realizado una *due diligence*[20] que nos ayude a comprender los riesgos que corre nuestro dinero, valorando siempre una máxima: «A mayor rentabilidad, mayor riesgo». Y, como se dice en España: «Nadie vende duros a pesetas[21]».

Entre los métodos colaborativos podemos emplear el *crowdfunding,* donde se pueden invertir pequeñas cantidades teniendo una participación del mismo sin cubrir el total del riesgo. Cuanto menor sea el rendimiento de ese capital, menor será el riesgo que estamos asumiendo. Pese a esto, no aconsejaría jamás realizar una inversión por menos de un 5 % ROI bruto anual, ya que como hemos visto en otros capítulos, el 5 % es fácilmente recuperable en otro tipo de inversión con menos riesgo.

Lo conveniente y más sencillo para recaudar capital con *crowdfunding* es realizarlo bajo el «contrato de cuenta de participaciones». En este contrato los inversores participarán en tu proyecto a cambio de una retribución que podrá ser estimada por ti. Podrás realizar proyectos sin necesidad de poner dinero de tu bolsillo.

Por ejemplo:

Una inversión de 100 000 € en cuenta de participaciones con objetivo de una ganancia del 30 % a seis meses, donde el 100 % de tus inversores ponen el total del capital a cambio de una retribución de un 12 % a seis meses, y el resto del dinero será tu retribución por la gestión y ejecución del proyecto.

Si lo que necesitamos es mano de obra que nos ayude en la ejecución, podemos especificar en el mismo contrato que dicha inversión aporta un capital que se corresponde con el coste de su trabajo y materiales para ejecutar el proyecto, y que cuando se retorne la inversión, dicha cantidad se verá incrementada en el interés que hayamos pactado.

Por otro lado, también podemos necesitar una participación del propietario del activo. En ese caso, el valor del inmueble es la inversión realizada por el vendedor al proyecto y de igual forma se le reintegrará más intereses.

A esta fórmula le quiero añadir una última, como bonus extra, en la que me gustaría que comenzaras a educarte. Te hablo de los «tokens», es decir, monedas virtuales creadas bajo Smart Contract y Blockchain que ya estamos generando para financiar nuestros proyectos, de tal forma que cualquier persona con acceso a Internet y un ahorro mínimo puede participar en proyectos inmobiliarios de cualquier parte del mundo con alta seguridad financiera y, muy pronto, jurídica.

Con un clic se puede tener participaciones de cualquier proyecto y esto cada día se acerca a ser una realidad absoluta que mejorará las operaciones y les dará mayor seguridad. Todas las modalidades son válidas, lo que debe quedarte claro es que dinero no te va a faltar si te conviertes en experto en encontrar y generar oportunidades de gran rentabilidad. Yo mismo estaré interesado en evaluar e invertir en tus proyectos, siempre que hayas seguido los consejos y estrategias de este libro.

Para facilitar esto en URBEi contamos con cientos de inversores dispuestos a participar en proyectos inmobiliarios que generen rentabilidad. A través de nuestra comunidad de "compradores inteligentes" los promotores de proyectos inmobiliarios, bien sean un flipping, una compra para venta, una subasta, una compra de deuda etc. Pueden aportar estos proyectos en la plataforma y solicitar aportaciones entre el resto de los inversores.

Por eso hago mucho hincapié en este libro, que en el sector inmobiliario lo fundamental no es el capital sino el talento para generar oportunidades.

Entra ahora y veras como encontrar, generar y financiar tus proyectos inmobiliario:

https://urbei.net/book-asociarse

Capítulo 13: LLEGÓ TU MOMENTO

Quiero felicitarte por haber llegado hasta aquí y por tomar la decisión de aprender algo nuevo e incómodo. Gracias por ese inconformismo que hace que nuestra sociedad mejore, avance y se beneficie de personas como tú, que quieren crear un cambio positivo, avanzar y mejorar generando tal impulso que empujan a aquellos que los rodean a dar lo mejor de sí.

Ahora más que nunca necesitas que tu niño interior, ese que necesita nutrirse de conocimientos, salga y te ayude a divertirte mientras mejoras. Dale permiso para jugar, para tropezar, para aprender y para disfrutar de este camino inversor que a mí, personalmente me ayuda a vivir cada día como un sueño.

Alinea tus emociones con tu cabeza y comienza a abrir tu mente a nuevas experiencias. Recuerda que cada cambio incómodo te hace avanzar y ampliar tu zona de confort, y lo que hoy te parece un sacrificio, mañana te parecerá una de tus mejores decisiones y la mejor de las inversiones (para empezar, ya has sacrificado algo de tu tiempo en leerme). Por lo que solo depende de ti que sea una inversión o una pérdida total de tu irrecuperable y escaso tiempo.

Quiero concluir intentando hacerte comprender por qué es tan fácil aprender y tan difícil poner en acción. No te preocupes, nos ha pasado a todos alguna vez. Nuestro cerebro forma uniones neuronales continuamente y cada vez que aprendes algo nuevo genera nuevas uniones para desarrollar un nuevo hábito. Pero cuidado: tu cerebro tiene como primera función primigenia el evitarte dolor y protegerte de lo que el supone que es peligroso para ti.

El problema es que hemos creado uniones muy poderosas en nuestra niñez y madurez que han provocado que nuestro cerebro crea que todo aquello incómodo o nuevo es peligroso, ya que en caso de fracaso nos llevará a sentir dolor, por lo que nuestras uniones de miedo se activarán y es aquí donde un pellizco en el estómago te avisa del peligro. Un dolor en el pecho y un mareo te evitan arriesgarte y, si no negocias con tu cerebro un cambio, desgraciadamente te convencerá para que abandones.

Nuestro cerebro ve irracional el enfrentarte a nuevos hábitos incómodos o nuevas acciones que puedan tener un mínimo porcentaje de fracaso y es ahí donde volverás a tener hábitos que te alejen de tu meta.

¿Cómo cambiar esto?

Convierte tu nueva acción en un juego divertido y dinámico que te ayude a crear nuevas conexiones neuronales y que aniquilen de inmediato esas conexiones erróneas que has unido por antiguos hábitos. Convence a tu cerebro que todo lo iniciado será beneficioso, dale paz y pídele confianza y fe ciega para que no sabotee tu avance.

Esto podemos hacerlo en tres pasos:

1. Concienciarte: toma conciencia de aquello que sabes y comienza a crear tu nuevo lienzo preparando y enfocando tus nuevos conocimientos en acciones y piensa que si todo esto no te supone un deseo ardiente de crecer y mejorar, trágicamente no habrá valido para nada en absoluto.

Pregúntate y escribe:

¿Qué, cuándo y cómo puedo ponerme en práctica?

(Uso de calendarios y notas de ideas productivas donde especifiques claramente tus metas o las reglas del juego:

3 qué, 3 cuándo y 3 cómo).

2. Ejercitarte: juega con tus nuevos conocimientos, ponlos a prueba y entiende qué parte de ese juego será fracasar para mejorar (digerir y nutrirse del fracaso). Gana y pierde poniendo en práctica y aceptando que ya eres un ganador solo por el hecho de haberlo intentado.

3. Agradecer: todos los días que juegues, reflexiona sobre tus avances con gran estima y agradece el proceso sin obsesionarte con el objetivo final, ni con los plazos, solo disfruta. Toma conciencia que lograr cada paso ya será un logro para celebrar y que es y será el camino y no el resultado lo que te traiga más y más felicidad. No compitas con nadie, no tienes nada que demostrar, solo mantén la ilusión y guíate por tus ganas de avance.

Y ahora que ya conoces cómo funcionan las inversiones y cómo puedes empezar a actuar, llega el momento de decidirte por dónde comenzar y dibujar tu lienzo pero antes te quiero contar una historia real que sucedió en el año 1988 en Armenia.

El 7 de diciembre a las 11:41 de la mañana, los Armenios sufrieron la enorme sacudida de dos terremotos en tan solo cuatro minutos que devastó el país dejando más de 25.000 vidas perdidas.

Una triste catástrofe que dejó miles de familias desoladas.

En medio de las explosiones de gas, la falta de energía, el caos y los gritos de desesperación, un hombre llegó al colegio donde estudiaba su hijo pero la encontró derrumbada completamente.

Entre lágrimas y sufriendo el mayor miedo que un padre pueda vivir, no se lo pensó y comenzó a excavar desesperado.

Los bomberos y otros padres intentaron persuadirlo para que dejase de excavar ya que corría un gran riesgo por explosiones o derrumbes y las probabilidades de encontrar supervivientes era prácticamente inexistente.

El hombre a todos les respondía; "sino me van a ayudar, por favor no me estorben".

Cavo durante horas y horas, sangrando, llorando mientras todos lo miraban perdiendo la esperanza.

En su cabeza solo oía la promesa que le hizo a su hijo:

"Pase lo que pase, siempre podrás contar conmigo"

Treinta y ocho horas estuvo intentado hacer lo que el resto sabían que era imposible.

Agotado pero sin parar seguía escuchando en su cabeza

"Pase lo que pase, siempre podrás contar conmigo"

Fue en ese momento cuando levanta un bloque más y escucha la voz de su hijo.

¿Papa? Estoy aquí papa, yo les dije a mis compañeros que tu no me abandonarías, me lo habías prometido.

Ese padre salvo la vida a otros 14 niños que se encontraban con su hijo.

¿Qué aprendemos con esta increíble y heroica hazaña?

Obviamente, en primer lugar, a ser unos padres increíbles, pero no solo eso, este armenio nos dejó otras enseñanzas vitales a todos nosotros:

1.En la vida necesitamos tener palancas por las que estemos dispuestos a sacrificarnos. Puede ser tú familia, tus sueños o tú mismo.

2.Nos enseñó que no importa nada lo que el resto crean, opinen o intenten desanimarte.

3. Jamás incumplas una promesa, sea hacia otros o sea hacia ti.

4. La fe puede hacer que consigas lo que el resto cree que es imposible.

Ahora es tu momento, cumple tu promesa, no escuches desánimos, ten fe en ti y dalo todo por hacer realidad todos tus sueños. Te lo mereces

Ten presente que si quieres conseguir que todo lo aprendido hasta este instante realmente no quede en saco vacío, tendrás que asumir que la inversión principal de todo es el tiempo, esa dedicación absoluta que vas a ponerle a tus inversiones, a tu nuevo negocio ,para librarte de la esclavitud de un empleo y empezar a forjar tu libertad financiera. Si sigues los pasos que te he ido exponiendo, las posibilidades de fracaso son cercanas a cero. Si además quieres contar con mi colaboración y ayuda en alguno de tus proyectos, disminuirás aún más dicho riesgo.

Con estas tres simple tareas todos los días avanzarás de forma consiente y tus capacidades y actitudes mejorarán exponencialmente.

Si aun así no estás avanzando, te recomiendo que empieces a aplicar el mejor método que existe para crear personas exitosas. Hablo del «método MEC» o, para decirlo un poco más fino, el «método MET», es decir, mueve el trasero. El movimiento genera movimiento, impide que te sabotees y provoca cambios físicos y biológicos en tu cuerpo que nutren de energía positiva todas tus acciones, para que cada día cumplas nuevas metas.

Así que cuando te encuentres desganado y perdido, organízate con las tareas, coge tu lienzo de nuevo, píntalo y crea una guía que te ayude a ver con claridad cuáles son los siguientes pasos para seguir y, una vez visualizados, muévete sin pensar.

Paciencia, constancia y fe.

Vida de avanzadores

#avanzadores

Un millón de gracias de todo corazón.

Prepárate para mi siguiente libro donde profundizaremos en el mundo de las subastas inmobiliarias, la compras de créditos bancarios impagados (NPL), trucos fiscales, compras de viviendas okupadas y las administraciones concursales.

CON CARIÑO:

"Debemos encontrar tiempo para detenernos y agradecer a las personas que hacen la diferencia en nuestras vidas" John F. Kennedy.

Difícil parte esta, ya que debo mucho y a muchos el haber llegado hasta aquí, tanto a aquellos que me han ayudado como a los que me han querido perjudicar, porque sin estos últimos no hubiese tampoco podido avanzar. En mi corazón no hay cabida para el rencor, pesa demasiada para mantener la velocidad a la que quiero viajar.

No quisiera ofender a nadie dejándolos fuera de estos agradecimientos y se que con aquellos que estoy realmente agradecido lo saben porque nunca dejo de repetirlo, por lo que me voy a centrar exclusivamente en decirles a todos mis seres queridos, mentores, familia, amigos, compañeros de trabajo y socios, que sin vosotros nada de esto sería posible.

Mi agradecimiento más profundo a mi fe en Dios que me mantiene firme y me hace resurgir en los malos momentos sin perder la sonrisa y las ganas de vivir.

Pasaré el resto de mi vida agradecido y en deuda con todos vosotros. No os defraudaré.

Redes sociales de Jorge Danés

https:/www.instagram.com/jorgedanes.inversiones[4]

---

4. https://www.instagram.com/jorgedanes.inversiones

MÉTODO LEAN INVERSIÓN INMOBILIARIA

http://linkedin.com/in/jorge-danesinversiones[5]

---

[1] Personas sin capacidad de hacer dinero.

[2] Hipotecas de alto riesgo.

[3] Estrategia por la que ofrecemos contenido atrayendo al consumidor y persuadiéndolo para que tome acción.

[4] Estrategia de negociación muy efectiva en la actualidad, que tiene como objetivo conseguir que todas las partes salgan beneficiadas.

[5] ITP: impuesto de transmisión patrimonial que gravan las compras de viviendas.

[6] El valor fiscal del inmueble no necesariamente será el que pactemos con el vendedor, ya que Hacienda revisa esos valores e impone los suyos a fin de evitar fraudes fiscales.

[7] SOCIMI: Sociedades Anónimas Cotizadas de Inversión Inmobiliaria. Se trata de sociedades de carácter anónimo cuyo objetivo fundamental es la compra, promoción y rehabilitación de activos de naturaleza inmobiliaria para su arrendamiento.

[8] Fotomontajes del producto final para lanzar una muestra al mercado y evaluarlo.

[9] Imágenes en modelo 3D o 2D del inmueble creadas digitalmente.

[10] Anuncios digitales (Ads) que se envían a clientes según sus gustos y necesidades por webs y buscadores.

[11] Embudos que cualifican y califican al consumidor.

---

5. https://d.docs.live.net/c8cffe2c9549a5fd/Documentos/%0dhttp:/linkedin.com/in/ jorge-danesinversiones

[12] Beneficios antes de impuestos.

[13] El término «finca» hace referencia a cualquier tipo de propiedad, viviendas, solares, edificios, locales etc.

[14] Modelo de publicidad en línea con el que se pueden adquirir espacios publicitarios en internet.

[15] Micro mecenazgo para la búsqueda de fondos con amplia participación y pequeñas cantidades.

[16] Central de información de riesgos del Banco de España.

[17] Anglicismo de moda para hacer referencia a las operaciones inmobiliarias de construir o comprar para rentabilizar mediante un alquiler.

[18] *Softwares* que unen todos los calendarios de los operadores como Booking, Airbnb, TripAdvisor, etc.

[19] *Customer Relationship Management* o Gestión de la relación con el cliente.

[20] Proceso de investigación o auditoría que se realiza en torno a la empresa o persona con la cual un potencial comprador o inversor realizará un negocio.

[21] Un duro es un término para hablar de 5 pesetas.